Risk, Challenge and Adventure in the Early Years

A PRACTICAL GUIDE TO EXPLORING
AND EXTENDING LEARNING OUTDOORS

Kathryn Solly

幼儿园户外学习译丛

早期儿童的风险、挑战及冒险

—— 探索与拓展户外活动的实践指导

[英] 凯瑟琳·索利 —— 著

何 锋 —— 译

南京师范大学出版社

图书在版编目(CIP)数据

早期儿童的风险、挑战及冒险：探索与拓展户外活动的实践指导 /（英）凯瑟琳·索利著；何锋译. —南京：南京师范大学出版社，2023.7
（幼儿园户外学习译丛）
书名原文：Risk, Challenge and Adventure in the Early Years
ISBN 978-7-5651-5658-8

Ⅰ. ①早… Ⅱ. ①凯… ②何… Ⅲ. ①活动课程－教学研究－学前教育 Ⅳ. ①G613.7

中国国家版本馆 CIP 数据核字（2023）第 003791 号

Risk, Challenge and Adventure in the Early Years: A practical guide to exploring and extending learning outdoors (1st edition)/ by Kathryn Solly/ 978-0-415-66740-1
Copyright © 2015 by Routledge
Authorised translation from the English language edition published by Routledge, a member of the Taylor & Francis Group
All Rights Reserved.
本书原版由 Taylor & Francis 出版集团旗下的 Routledge 出版公司出版，并经其授权翻译出版。版权所有，侵权必究。
Nanjing Normal University Press is authorized to publish and distribute exclusively the Chinese (Simplified Characters) language edition. This edition is authorized for sale throughout Mainland of China. No part of the publication may be reproduced or distributed by any means, or sorted in a database or retrieval system, without the prior written permission of the publisher.
本书中文简体翻译版由南京师范大学出版社独家出版并在中国大陆地区销售。未经出版者书面许可，不得以任何方式复制或发行本书的任何部分。
Copies of this book sold without a Taylor & Francis sticker on the cover are unauthorized and illegal.
本书封面贴有 Taylor & Francis 公司防伪标签，无标签者不得销售。
著作权登记号 图字 10-2018-315 号

书　　名	早期儿童的风险、挑战及冒险——探索与拓展户外活动的实践指导
丛 书 名	幼儿园户外学习译丛
作　　者	[英]凯瑟琳·索利
译　　者	何　锋
丛书策划	张泽芳
责任编辑	张泽芳
出版发行	南京师范大学出版社
地　　址	江苏省南京市玄武区后宰门西村 9 号（邮编：210016）
电　　话	（025）83598919（总编办）　83598412（营销部）　83598312（邮购部）
网　　址	http://press.njnu.edu.cn
电子信箱	nspzbb@njnu.edu.cn
照　　排	南京开卷文化传媒有限公司
印　　刷	兴化印刷有限责任公司
开　　本	787 毫米×1092 毫米　1/16
印　　张	13
字　　数	220 千
版　　次	2023 年 7 月第 1 版
印　　次	2023 年 7 月第 1 次印刷
书　　号	ISBN 978-7-5651-5658-8
定　　价	50.00 元

出版人　张　鹏

南京师大版图书若有印装问题请与销售商调换
版权所有　侵犯必究

户外学习
是一个值得深入研究和实践的课题

"幼儿园户外学习译丛"是一套旨在介绍国外户外学习理念和实践的读物,有良好的学习和研究基础,有较为系统的经验积累,产生了一定的社会影响。这些读物有以下几个基本特点。

一、高扬亲近自然的理念

对儿童来说,亲近自然是天性所使然。儿童天生具有趋近自然、发现自然和探索自然的愿望,这是儿童成长过程中不可或缺的经历,对于儿童自然经验和生态意识的形成具有重要的意义。消除儿童与自然之间的隔离,改变儿童自然缺失的状态,是世界儿童教育界的共识。为此,很多国家都进行了积极的探索,积累了很多有价值的经验。亲近自然是儿童内在的自然性得以彰显,儿童与自然世界形成呼应关系的过程。亲近自然是儿童与自然环境物理距离的拉近,也是儿童对自然环境探索、发现、表达的历程。亲近自然需要空间和时间,需要鼓励和支持。

二、强调自然学习的优势

户外学习打破了班级和幼儿园的空间限制。在不同的空间、不同的时节,儿童可以进入户外环境之中,进入一个更加开阔的世界,儿童可以接触更多的事物,关注更多的现象,从日月星辰、风霜雨雪,到各种动植物的生长变化,再到大千世界中包含的各种关系。儿童在发现和比较的过程中与周围世界发生相互作用,从而加深对环境及事物的认识和理解。户外学习丰富和拓展了儿童学习的内容,充实了儿童的经验。此外,在户外空间中儿童开展多样化的游戏活动,充分发挥自己的想象力和创造性,发展运动能力、创新能力和社会性能力等。

三、倡导自主探索的学习

户外环境中的学习是发现式、探究式的学习。儿童可以充分展现自己的天性,充分满足自己的好奇心和求知欲,动用多种感官,去观察、发现、操作、交往、感受和体验,去运动和游戏。这是全身心的学习,是在真实的场景中学习。户外学习符合儿童的身心发展规律和学习特点。儿童可以提出问题,也可以尝试解决问题,还可以得到成人的支持和帮助。户外学习已经成为儿童整个学习体系的重要组成部分,对于儿童好奇、专注、独立、坚持、乐于尝试等学习品质的形成也具有重要的作用。

四、确认成人儿童的关系

户外学习同样需要成人的支持和帮助。因此，儿童与成人关系的构建是户外学习有效性不可忽视的因素。成人对儿童的观察和理解是成人和儿童建立关系的基础，以儿童为本，推进户外学习，是各国户外活动实践中普遍认同的观念。在户外学习中，儿童的活动与成人的作用之间应该形成适宜的张力，成人的作用能鼓励和推动儿童的学习和探索，儿童的困难和问题能得到成人的支持和引导。成人参与而不限制，引导而不控制，对于儿童户外学习的开展非常重要。

五、承认冒险挑战的价值

喜欢冒险是儿童的特性。冒险经常与挑战联系在一起，但冒险是否值得，有赖于对冒险的风险评估。儿童的认识水平和经验还不足以判断风险，因此成人要发挥风险评估的作用，既要充分满足儿童的天性，激发儿童的探究精神，丰富儿童的冒险经验，又要保护儿童身心免受伤害。这种平衡既是成人基于经验做出的判断，也是与儿童交流和讨论做出的判断。要关注冒险性活动的价值，要满足儿童冒险的愿望，也要关注儿童的身心健康和安全。

"幼儿园户外学习译丛"在不同的角度上很好地回答了这些问题，对于各地推进户外学习的研究和实践一定具有指导意义。我相信，我国的广大学前教育工作者和家长一定会在借鉴的同时，不断积累经验，深入反思，创造性地开创我国幼儿园户外学习的新局面。

虞永平
2021 年 7 月

内容简介

"风险"与"危险"有什么不同？儿童能从冒险中学到什么？如何为儿童提供关键的经验，并确保他们在户外的安全？

儿童天生会寻求挑战和冒险，这对于他们的整体发展至关重要。本书清晰地阐释了给予儿童冒险自由的原因；并对如何提供具有刺激性和挑战性的户外体验提出了实践指导，以通过这些体验将拓展儿童学习的各个领域；还提供了在各种天气条件下不同学习领域的活动案例。

本书内容包括：

- 风险、挑战与冒险的教学史；
- 健康、幸福与安全；
- 成人的角色；
- 风险评估；
- 支持有不同需要的个体儿童；
- 创设具有挑战性和冒险性的游戏环境；
- 与家长合作，解决担心的问题；
- 观察、规划与评估。

对于希望为儿童提供丰富经验的教师和学生来说，本书是必不可少的，书中所涉经验将有助于儿童成为自信的、敢于冒险的学习者。

凯瑟琳·索利（Kathryn Solly）曾是切尔西露天幼儿园及儿童中心的负责人。现在是一名专业的儿童早期教育顾问、培训师和作家。

序 言

在整个非正统的教学生涯中，我有很多机会见证了儿童和年轻人所处的学习环境对于他们受教育质量的重要性。我曾在中学、小学和幼儿园任教，也有在儿童转介中心、特殊教育学校以及一些主流环境中与年轻人打交道的经验。在巴布亚新几内亚的海外志愿服务中学开始从事教学工作时，我就对儿童户外游戏和学习产生了日渐浓厚的兴趣，最终成为今天我们团队的领头人。我和我的团队每天在切尔西露天幼儿园为5岁以下的儿童提供室内外高质量的学习挑战。我相信，孩童时期孕育的能力使我能够在户外明智地冒险，足智多谋并且富有创造力。这也深深地影响了我的教学方式、领导风格以及我对高质量早期教育和保育的热情。

我是在20世纪50年代末至60年代长大的。我觉得和姐妹以及朋友们一起穿过田野没什么大不了，我们还常常带着一两只狗作伴。长大一些后，我可以通过绳索秋千跨越小溪，在小篝火上做饭（做得很糟糕），并在许多富有想象力的游戏中建造各种巢穴。父母并没有忽视我们，他们大致知道我们在什么地方，相信我们、我们的社区以及我们所处的环境能带给我们自然的童年，他们知道我们会因为饥肠辘辘而赶着饭点回家。我们没有移动电话来保持联系，即使我们出现荨麻疹、被荆棘刮伤或者因从别人花园里"借"花带回家而受邻居责骂，也不会得到多少同情和安慰。在很多方面，户外学习是我童年时代，一种常态，迄今，在世界上许多国家依然如此。许多人认识到，对于儿童来说，在户外游戏通常要比在室内更快乐，他们有更多不受成人干涉的自由，因为这是关于真实生活的体验。

在我成年以后，在英国，这种看法日益被对安全的担忧以及对看得见和看不见的危险带来的恐惧所影响。这种在温室中规避风险（risk-averse）的文化在过去的十多年里不断滋长蔓延，导致很多儿童失去了我童年时代曾拥有的丰富的、常态化的、亲身体验的户外游戏机会。不过，在过去的几年里，发生了一些缓慢的变化，人们开始对媒体关于健康和安全的恐慌进行回击。非常可喜的是，这给人们致力于为儿童的风险、挑战与冒险提供真正的机会带来了强烈的复苏。也有迹象表明，如果儿童被剥夺了学习这些技能以及在环境中使用技能的机会，他们将无法发展成年后所需的韧性、独立性和创造力，因此对他们未来的发展、健康和幸福以及社会的发展都具有长期的影响。

基于自己从出生到 75 岁的学习与教学的经验，我拓宽并加深了对何为学习、何为教学以及如何发挥多种形式的户外教育的作用等问题的认识。我开始怀疑，户外教育是否等同于户外教学、户外学习。在很多方面，我知道我的观点已经从前者转向后者，因为我（以及其他许多人）更喜欢户外教学和户外学习。感谢众多的儿童、同事和家庭，他们帮助我学习风险和挑战。我的女儿在一个露天营地和大概 10 个朋友一起度过了她的 10 岁生日。他们收集并砍断了木头生火，非常巧妙地做了一道油炸菜。他们对此驾轻就熟，就好像是家常便饭。在 3 月的夜晚非常寒冷，他们在离泰晤士河不远的地方依偎在一起。儿童在生活中面临着更多的高要求，自我控制、受限制的自由、多变的价值观以及为数不多的真正乐趣，因为他们的生活要遵照日常规则和成人的日程安排。作为具有创造性和智慧的儿童个体，他们将应对未来世界面临的问题，然而，他们只有从小拥有开放的态度，富有创造性和想象力，才能迎接挑战，这样每个儿童的身体能力才会随着他们逐渐独立和自信而得到发展。

这就是我的初衷：儿童是独特的、主动的、有创造力的学习者，他们需要最好的、积极的学习环境和机会，无论成人在不在身边。这本书讲述了我的学习历程和充满激情的信念，即每天都有机会进行户外学习，这对培养儿童丰富的生活技能以及发展领导力、智慧、尊重和理解环境、协作及创造等能力至关重要。而且，我坚信，这些能力只能通过儿童早期真正的风险、挑战与冒险的机会来实现。

致　谢

　　提及我最初对户外的萌发兴趣，我必须感谢我的乡村童年生活以及我的父母艾琳和罗伊，他们给了我自然而然地体验风险、挑战与冒险的机会。他们培养我对植物、园艺及野生动物的了解和热爱，教会了我要珍视和尊重人类的伙伴。这帮助我获得了环境科学学位，以及一段与儿童和年轻人分享这份爱的成功的教学生涯，并支持我从巴布亚新几内亚来到阿尔巴尼亚，为人妻为人母。

　　同时也要感谢我的丈夫乔治，我的孩子休、拉尔夫和伊莫金，他们的生活激发并拓宽了我对户外的认识。另外，必须感谢我有幸任教的所有的孩子及其他们的家人、我的同事，从他们那里我收获了很多。此外还有专业上志同道合的朋友，特别是芭芭拉·艾萨克斯（Barbara Isaacs）、安妮·纳尔逊（Anne Nelson）、蒂娜·布鲁斯教授（Professor Tina Bruce）、克里斯·惠兰（Chris Whelan）、苏·阿灵汉姆（Sue Allingham）、帕齐·瓦格纳（Patsy Wagner）和克里斯·沃特金斯（Chris Watkins）等给我的启发、挑战和鼓励。

　　我还要感谢和我同舟共济的安纳玛里·基诺（Annamarie Kino）的帮助和指导。

目 录

户外学习是一个值得深入研究和实践的课题	i
内容简介	i
序 言	i
致 谢	i
导 论	001

第一章　历史背景　　　　　　　　　　　　　　　003
　　一、早期的先驱者　　　　　　　　　　　　　　003
　　二、后来的先驱者　　　　　　　　　　　　　　005
　　三、"户外"运动　　　　　　　　　　　　　　　007
　　四、对风险、挑战与冒险的新研究　　　　　　　009
　　五、总结　　　　　　　　　　　　　　　　　　011

第二章　风险、挑战与冒险的定义　　　　　　　　012
　　一、引言　　　　　　　　　　　　　　　　　　012
　　二、概念解释　　　　　　　　　　　　　　　　012
　　三、"心流"的重要性　　　　　　　　　　　　　015
　　四、游戏的重要性　　　　　　　　　　　　　　016
　　五、将风险、挑战与冒险联系在一起　　　　　　017

第三章　对风险、挑战与冒险的态度　　　　　　　018
　　一、引言　　　　　　　　　　　　　　　　　　018
　　二、观念的变化　　　　　　　　　　　　　　　018
　　三、转向更正式的学习　　　　　　　　　　　　019
　　四、户外游戏的缺失　　　　　　　　　　　　　019

五、规避风险的文化 020

　　六、快速城市化 021

　　七、童年商品化 021

　　八、对教师的影响 022

　　九、全新的开始？ 022

　　十、全英国范围内的影响 023

　　十一、世界范围内的户外冒险游戏 024

　　十二、游戏提供的文化因素 026

　　十三、早期基础阶段的课程 027

　　十四、总结 029

第四章　风险、挑战与冒险的好处 030

　　一、引言 030

　　二、运动与儿童发展 030

　　三、儿童的发展是一个自然的过程 032

　　四、自由的游戏 033

　　五、身体的重要性 034

　　六、解决问题和合作学习 035

　　七、儿童的健康 037

　　八、心理健康 038

　　九、身体健康 039

　　十、与自然建立密切联系 041

　　十一、支持每一个儿童 042

　　十二、性别 046

　　十三、总结 047

第五章　成人的角色 048

　　一、引言 048

　　二、关键技能和品质 048

　　三、关键职责 052

　　四、观察和记录儿童的学习与进步 056

　　五、使用评估与评价来调整计划和供给 058

　　六、组织和利用资源创造学习机会 060

　　七、为儿童提供与其年龄和发展阶段相适宜的经验 060

八、提供高质量的互动　　065
　　九、与父母、家庭成员和其他专业人士密切合作应对风险和挑战　　067
　　十、通过平等的机会和反歧视的实践促进全纳　　069
　　十一、总结　　071

第六章　环境　　072
　　一、环境由什么构成？　　072
　　二、室内环境　　073
　　三、室内环境应考虑的因素　　075
　　四、为什么户外环境很重要？　　080
　　五、为什么户外特别适合儿童？　　081
　　六、户外环境应该是什么样子？　　082
　　七、户外的区域　　083
　　八、户外环境的特征　　085
　　九、丰富户外环境资源　　087
　　十、户外环境中进行园艺的机会　　089
　　十一、总结　　091

第七章　风险评估　　092
　　一、引言　　092
　　二、什么是风险评估？　　092
　　三、什么是合理的风险？　　093
　　四、教师的法律责任是什么？法律规定他们必须做什么？　　094
　　五、什么时候需要进行风险评估？　　095
　　六、风险评估应该考虑哪些因素？　　096
　　七、风险评估应该包括谁？　　098
　　八、如何进行风险评估　　098
　　九、鼓励儿童评估风险　　100
　　十、父母参与　　101
　　十一、3岁以下儿童的冒险性游戏　　102
　　十二、面向所有儿童的良好实践　　103
　　十三、正确地看待风险　　105
　　十四、总结　　106

第八章　通过探险和参访增加冒险性活动　　107
　　一、引言　　107
　　二、教育参访的价值和益处　　107
　　三、儿童是自然探索家　　107
　　四、提供新的体验，拓展儿童的视野　　108
　　五、丰富的学习机会　　109
　　六、儿童和成人一起学习　　110
　　七、有个体需要和兴趣的儿童　　110
　　八、课程层面的思考　　111
　　九、参访的构成有哪些？　　111
　　十、带儿童去哪里？需要考虑什么？　　112
　　十一、实践中的探险是什么样子　　113
　　十二、计划一次教育参访　　114
　　十三、有关父母参与的事项　　117
　　十四、把来访者请进机构　　119
　　十五、课程的价值　　120
　　十六、总结　　122

第九章　处理担心的问题　　123
　　一、引言　　123
　　二、父母担心的背景　　123
　　三、如何缓解父母的担心　　125
　　四、父母担心的具体问题　　125
　　五、教师担心的背景　　127
　　六、如何处理教师担心的具体问题　　127
　　七、儿童关注的背景　　130
　　八、处理儿童所关注的特殊问题　　131
　　九、共同关注的问题以及如何处理　　133
　　十、总结　　139

第十章　计划全年的冒险活动　　140
　　一、引言　　140
　　二、计划活动的起点　　140
　　三、行动、改进、开发以及种植规划　　141

四、长期的课程计划　142

五、中期计划　142

六、短期计划　143

七、评估　144

八、启发式/自然游戏的计划　144

九、各季节的基本供给/资源规划　145

十、全年的户外玩具和设备　145

十一、秋季的活动　146

十二、冬季的活动　147

十三、春季的活动　149

十四、夏季的活动　151

十五、全年的体验和活动　154

十六、总结　158

附录　159

参考文献　179

导 论

苏珊·艾萨克斯（Susan Isaacs）是20世纪20年代切尔西露天幼儿园的两位创始人之一。她相信游戏的重要性，对儿童的情感生活也特别感兴趣。以观察为基础的实践是其工作的核心。她认为，这是对儿童所做的一切给予关注、尊重并进行系统研究的一种方式。艾萨克斯研究了成人如何通过耐心指导、详细观察和审慎反思，最好地支持儿童的学习，而不需要严厉的言语或惩罚。艾萨克斯在20世纪早期对教育颇有影响力，是第一个为儿童提供攀爬架的人。剑桥的马尔丁斯学校和切尔西露天幼儿园都有通向花园的教室，花园里有沙坑、跷跷板、攀爬架和供每个儿童种植蔬菜的园地。儿童可以使用成人工具，如适于合作使用的双手锯、真正的打字机、本生灯和显微镜。苏珊·艾萨克斯（Isaacs，1932：170）提倡通过拓展儿童"对周围的人和事物本身的兴趣——街道、市场、花园、铁路、动植物的世界"来发展他们解决问题的技能。她还意识到她的观点中谈及的风险（Isaacs，1932：120）。她强调："儿童需要在一定程度上理解周围的世界，因为他们必须生活于其中，并且是安全地生活。"然而，她并不鲁莽，为了儿童的安全，她和儿童制定了简单实用的规则，比如任何时候只能有一名儿童在棚屋顶上。她强调探究环境的实际需要：

> 对理解的渴望，超越了对身体生存的实际保障。它是自儿童最深层的情感需求以及充满智慧的儿童的一种真正激情。儿童必须了解和掌握这个世界，才能获得安全感。（Isaacs，1932：113）

拥有在户外的机会对儿童来说是不可或缺的，艾萨克斯为2—10岁的儿童提供了一种超乎寻常的自由让他们在户外和室内进行探索。在她的花园里有很多宠物，包括蛇、蚕和火蜥蜴。她为儿童创设了丰富的深入观察和研究的机会，仔细思考包括死亡在内的生物的和精神的概念。她记录了儿童在宠物兔子死了几周后要求挖出来的事情，而且她支持儿童这样做了。阅读她的书是非常有趣的，直到今天，我在切尔西露天幼儿园也与儿童经历了许多类似的事情。我们在入职会议上会向家长们承诺，我们将以开放、诚实和适宜的方式回答儿童关于出生、死亡、性和排泄的问题。

管理一所以艾萨克斯理念引领的托育机构，是一种真正的荣耀，同时也肩负着忠实地遵循她所创造的重要理念的重任。今天，孩子们仍然可以自己选择48周的室内或户外的学习。他们喜欢用真正的瓷器、餐具进行角色扮演，或使用真实的工具开展木工、缝纫、烹饪和园艺等活动，也喜欢以小组的形式到社区探访，以扩展他们的兴趣，满足他们的需求，就像艾萨克斯（Isaacs, 1930：288-89）所说的，"在一年四季都要进行""远足"活动。

如今，切尔西露天幼儿园经常有来访者，他们常常会问我们这样一些问题：

- "你听说过吗？一所学校停止了汤勺运鸡蛋的比赛，是为了防止打破鸡蛋，因为有人对它过敏。"
- "康克戏①怎么样？你们的孩子戴护目镜吗？"
- "你们允许玩宠物、木工活动、软管和篝火吗？"
- "怎么能（放手）让孩子去玩那些梯子呢？"
- "下雨、下雪或者结冰时，你们还会出去玩吗？"
- "你们晚上怎么睡觉？"

本书旨在激励教师反思他们的教育理念和实践，以便进一步改进，同时提供了一些经过尝试和得到验证的方法，带儿童到户外去做一些不同寻常的事情。这是基于经验、公认的良好实践和教育研究的基础之上的。它还包括重要的教学背景，以建立教师对不同背景下的风险、挑战与冒险的理解和信心，并支持教师让同事和儿童的父母共同参与到这段令人兴奋的学习旅程之中。

本书首先回溯了教育先驱者的理念和实践以及他们对儿童早期风险、挑战与冒险的影响；接着，探讨风险、挑战与冒险的概念，并思考这些概念如何与当今的早期教育以及户外游戏的价值建立联系；然后，讨论人们对风险、挑战与冒险的不同态度。后面的章节提供了有关成人的角色、环境以及户外资源使用的实际指导和背景知识，随后阐述了户外探索的好处和实用性；最后是关于如何规划全年冒险活动的实操策略。在本书的结尾，我们衷心地希望你能受到启发，和儿童一起去户外，做一些不同寻常的事情，相信你的实践是建立在对风险、挑战与冒险的教育学理解的基础上的。

---

① 康克戏（conkers）是英国的一种传统游戏，游戏双方使用道具互相敲击，若一方的道具被敲碎，那么另一方就获得胜利。最早的康克戏用的是蜗牛壳或榛子，后来使用另一种坚硬又容易获得的材料，即七叶树的果实。——译者注

第一章　历史背景

这一章简要介绍了从夸美纽斯到玛格丽特·麦克米伦等教育先驱者以及他们对儿童早期风险、挑战与冒险的重要性和价值的理论和实践基础。重点关注了苏珊·艾萨克斯博士的研究和影响,以及"户外"运动。最后,思考了这些先驱者对风险和挑战的影响,以及先驱者们对早期教育质量产生的持久影响。

一、早期的先驱者

1. 约翰·夸美纽斯（John Comenius）

教育经验中包含风险、挑战与冒险的理念始于约翰·夸美纽斯（1592—1670）,他是自然教育理念的发起者,他认为可以通过多感官的整体学习获得教育经验。时至今日,这一思想仍然是许多国家教育的基石。约翰·夸美纽斯也是第一个建议为女孩提供教育的人。

2. 让-雅克·卢梭（Jean-Jacques Rousseau）

许多人认为,也许是卢梭（1712—1778）率先在培养儿童成长方面创造了自由儿童的形象。儿童在自由游戏,特别是在自然的游戏中,具有很强的做出明智选择的能力。真正的活动促进了儿童的健康生活,并支持儿童发展的每一个领域。

3. 约翰·裴斯泰洛齐（Johann Pestalozzi）和罗伯特·欧文（Robert Owen）

和卢梭一样，瑞士的教育先驱者裴斯泰洛齐（1746—1827）也认为"教育应遵循自然"。受他们的影响，罗伯特·欧文（1771—1858）等人于1816年在苏格兰新拉纳克的工厂内创办了幼儿园。作为一名社会改革家，欧文反对雇佣童工，倡导确保儿童能够更快乐，得到尊重和良好的照料。他鼓励工厂工人的孩子们长时间在户外游戏，而且非常重视体育活动。

4. 弗里德里希·福禄贝尔（Friedrich Froebel）

福禄贝尔（1782—1852）生长在德国，他对大自然有着浓厚的兴趣，年轻时曾是一名见习林务员。他曾经在瑞士的一家孤儿院工作，深受卢梭和裴斯泰洛齐思想的影响。正是这些经历激发了他对儿童早期游戏、儿童发展以及以儿童为中心的教育的兴趣。他创建了自己的第一个幼儿园（儿童的花园），以表达和践行他的儿童观，他强调儿童应该首先被允许成为儿童。他对生活的内在联系及变化性的特征充满热情。花园（无论是公共的还是私人的）是他与儿童工作的中心。他强调与自然、音乐、灵性、艺术和数学的直接经验。在他的幼儿园，儿童被鼓励，而不是被强迫去花园，去大自然中行走，因为这给了他们更多的自由去学习。这推动了一场贯穿20世纪的进步运动，即教育涉及灵性、尊重、关怀、身体和自然独立等各个方面，想象、音乐和舞蹈之于学习的价值渐趋显现。

5. 鲁道夫·斯坦纳（Rudolf Steine）

鲁道夫·斯坦纳（1861—1925）是对当今早期教育产生重要影响的人物之一。他致力于创立一种教育模式，通过每天和四季的节奏，促进个体和社会的发展，培养儿童拥有清晰思考的能力以及敏锐的感知力、意志力和想象力。在威尔金森（Wilkinson）关于斯坦纳的著作（1980：6）中，儿童被描述为接纳并沉醉于环境，展现了现实生活经验的价值。他强烈反对灌输式学习，以及囿于学科的学习，重视口语、故事和创造力。他还重视游戏和想象，这些能高度支持儿童按他们的自然节奏发展，因此，儿童直到7

岁才开始识字。在他的学校里，始终重视园艺、烹饪、整理，以及向成人学习如烤面包、木雕和执行日常任务等技能。他觉得，年幼的儿童不会像成人那样与世界保持着距离和界线，因为他们一直在观察打量世界。因此，他们使用同样强度的观察来满足他们游戏中的想法，象征性地使用物品并且更清楚我们今天所说的情绪。这意味着儿童经常再现日常生活中的场景，比如，当他们第一次进入幼儿园时，会装扮洋娃娃，在烘焙日做面包团。克劳德和罗森（Clouder & Rawson，1998：36）在他们关于华德福教育的书中认为"游戏是童年严肃的工作"。

6. 玛丽亚·蒙台梭利（Maria Montessori）

玛丽亚·蒙台梭利（1870—1952）广泛涉猎了世界各地有关教育的大量文献，她希望为有特殊和个别化需求的脆弱儿童做出一些改变。她在罗马的贫民窟建立了儿童之家（Casa dei Bambini），现在这被称为城市重建的一部分。她的工作以科学观察为基础，关注儿童在有设计的环境中通过他们的感官和动作来学习，以满足他们的需求。她把这样的儿童称为"小探索家"。在她的幼儿园里，只有少数的成人设置的条条框框，园艺、体操、照顾小动物，以及在相当长的不被打断的时间里，儿童根据兴趣自由选择是一种常态。她还引入了"儿童尺寸"的家具。

二、后来的先驱者

1. 玛格丽特（Margret）和雷切尔·麦克米伦（Rechel Mcmilan）

福禄贝尔和约翰·杜威（1859—1952）的核心观点是，"教育是生活的过程，而不是将来生活的预备"（1897），这一观点也影响了玛格丽特·麦克米伦（1860—1931）。她创建了托儿所，并且非常重视花园、健康的食物、浴室、新鲜空气、光线和固定的睡眠/锻炼时间，以改善和增进德普特福德贫民窟儿童的健康和福祉。她所反映的贫困儿童的健康状况，震惊了当时的中产阶级，并通过建立托儿所和临时安置点来改善他们的健康，为他们提供保育。1914年，玛格利特·麦克米伦写道：

任何年龄的儿童都需要空间。从1岁到7岁，空间，足够的空间就像食物和空气一样重要。运动，奔跑，通过新的运动发现事物，感受自己的生活，这就是童年早期的生活。

后来，玛格丽特创建了一个开阔而美丽的花园，那里绿树成荫，有错落有致的石头花园，感官花园，可供儿童食用的菜园，以及种植的野花，还设有攀爬设备、沙坑和"小土丘"，儿童可以在那里探索自然和人造物。在她看来，为儿童提供最好的户外体验是成人的一种道德责任，正如其所言："在他们今后的生活中，会常常想起人生的第一个花园，因此，我们应当竭力创设丰富的花园。"（McMillan, in Bradford Education, 1995: 8)。

2. 格雷斯·欧文（Grace Owen）

1923年，格雷斯·欧文认识到自然事物和现实生活经验的重要性："没有固定的课程，但会尽可能地让儿童生活在大自然中。学校里的宠物，无论是校内饲养的还是外来的，都能给儿童提供很多宝贵的体验。"

3. 苏珊·艾萨克斯（Susan Isaacs）

艾萨克斯博士（1885—1948）是福禄贝尔教育思想（倡导社会和政治变革）的拥护者，她对蒙台梭利、杜威、皮亚杰和梅兰妮·克莱因[①]的著作非常感兴趣。她是一位有魅力的女性，在很多方面都领先于她所处的时代，颇具前瞻性。她有一颗好奇的心，在融会贯通其他教育家思想的基础上，创建了她独特的哲学，其中有一些代表性观点：

- 儿童天生具有好奇心；
- 自然内在统一的重要性及其与儿童、家庭和教师之间的关系；
- 对立统一的规律以及理论与实践必须始终相结合。

---

① 梅兰妮·克莱因（Melanie Klein，1882—1960），奥地利精神分析学家，儿童精神分析研究的先驱。她提出了许多具有深远意义的见解，开拓了理解最早期的心理历程的途径，被誉为继弗洛伊德后，对精神分析理论发展最具贡献的领导人物之一。——译者注

在艾萨克斯看来，如果专业人士能够理解儿童，就会有助于促进儿童的学习。当她试图去理解儿童时，会通过密切观察儿童的游戏，或者正如她所说的"看真实的孩子"，而成为一名优秀的叙事记录者。她认为，儿童是：

- 发现者；
- 推理者；
- 思考者。

因此，儿童应该被鼓励在室内外丰富的学习环境中提问并表达自己的观点，表达自己的感受，追随自己的兴趣。她的观察很有系统性，始终会涉及儿童的家庭。按照今天的标准，艾萨克斯的教育正像她所说的"相对自由"，与当时的其他学校相比，她采用的是"全面减少对儿童冲动的抑制程度"（Isaacs，1930：12）的方式。此外，这些"相对自由"的条件的另一方面是物理环境——儿童被引导得更积极、更好奇、更有创造力、更有探索性、更有创新性。他们可以自由地在室内外活动，到户外饲养动物，收获果实，使用如本生灯、显微镜和解剖工具等科学设备，真正的建筑砖，篝火空间，底部带有挂钩的可以适合更大重量活动的跷跷板。她还使用了蒙台梭利提倡的"儿童尺寸"的小型家具、真正的瓷器和化妆服。另外，还有一个车床和木工设备，以及装满蒙台梭利玩教具的橱柜。

三、"户外"运动

露天学校的发展可以追溯到古希腊，以及更为我们所熟知的先驱者卢梭和福禄贝尔。玛格丽特·麦克米伦是英国教育的先驱，在英国，她和她的妹妹雷切尔在"建立保育学校运动"以及改善儿童健康和保育方面发挥了引领性作用。她们当时很多的愿景都被今天的儿童中心实现。经过长期不懈的努力，1911年，她们在德普特福德建立了第一所露天幼儿园。这类学校的好处是：

- 将疾病控制在萌芽状态；
- 预防传染性疾病；
- 为身体提供疾病或事故后康复的机会；

- 养育身体虚弱的儿童；
- 推广"做中学"的现代教育方式。

因此，它们有几个基本原则：

- 新鲜的空气和充足的阳光；
- 合理的膳食；
- 休息或安静地游戏；
- 卫生的生活方式；
- 关注个体；
- 医学治疗；
- 特殊的教育方法。

从1912年起，教育委员会根据《医疗拨款条例》第11部分的内容，支付每人3英镑的特别拨款，体现了对这类学校的认可。这意味着，当1928年切尔西露天幼儿园对13名儿童开放时，可以定期得到医生的帮助，对儿童进行检查，并就饮食和卫生提供建议。它成立的目的是为所有儿童提供服务，不论贫富。渐渐地，更广泛的社会阶层开始参与其中。父母经常关心的是一些实际的问题，如餐桌礼仪、说脏话以及其他孩子的卫生状况。严格的日照管理、新鲜空气和药物治疗管理促使疾病数量下降，出勤率从1935年的71%增加到1937年的89%。

苏珊·艾萨克斯意识到进入户外空间对学习是多么重要。正如她所说：

> 年幼的儿童需要空间，确保他们进行充分的身体活动，同时又不会因相互接触或噪音而产生冲突。对于3—5岁充满活力又健康的儿童来说，被关在一个小幼儿园里是一种极其难以忍受的体验，也是恼怒和神经紧张的主要诱因。空间本身就有一种让人安静的作用。

(1954：29)

艾萨克斯（1932）还强调了自发游戏在儿童发展中的价值：

- 既有运动的愉悦，又能完善身体技能；
- 对周围世界中的真实事物和事件真正感兴趣；

● 真正喜欢假装和再现儿童所看到的世界。

切尔西露天幼儿园

切尔西露天幼儿园是由苏珊·艾萨克斯博士在美国捐赠人娜塔莉·戴维斯（Natalie Davies）的资助下于1928年创立的，资助人的两个孩子可以入园并从中受益。在这座建于1587年的建筑里，户外理念成了20世纪20年代一场全国性运动的一部分，该运动认识到儿童在新鲜空气中学习的重要性。这也与工艺美术运动（Arts and Crafts Movement）所引领的对创造力和想象力唤醒的理念有关。当时，人们意识到，许多儿童没有获得足够的新鲜空气、阳光和锻炼来促进他们的健康，如今，这一问题依然很普遍。2006年，我们增设了儿童中心，进一步巩固了这一理念。时至今日，无论是在室内还是户外，我们仍然在借鉴苏珊·艾萨克斯的教育教学理念和她在记录儿童学习历程方面的实践经验。这些经验是艾萨克斯通过观察真实的儿童和他们的社会关系积累而来的，她记录的兴趣点是"儿童所做的和所感受到的一切"。

四、对风险、挑战与冒险的新研究

1. 哈多（Haddow）报告和普劳登（Plowden）报告

1933年发布的关于幼儿园和保育学校的哈多报告[1]，与这些教育先驱者的思想和实践有明显的联系。1967年发布的普劳登报告[2]，高度重视如何在室内外追随儿童兴趣的前提下关注儿童应该如何学以及教师如何教的问题，避免教育的"离身倾向"（disembodied）。

---

[1] 1923年，谢菲尔德大学副校长W. H. 哈多担任英国教育咨询委员会主席，该委员会于1923—1933年发布了6份报告，一般统称为"哈多报告"。其中就有关于幼儿园和保育学校的报告。
[2] 1967年，英国教育咨询委员会以该委员会主席布丽奇特·普劳登之名，发布了"普劳登报告"，这是继"哈多报告"后英国初等教育史上的另一个里程碑。

2. 赫特伍德的艾伦夫人[①]（Allen of Hurtwood）

在一本名为《为玩耍而规划》（Planning for Play）的书中，赫特伍德的艾伦夫人（1968：43-44）将幼儿园描述为2—5岁儿童游戏的理想场所。不过，她认为像这样的幼儿园"仍然太少了"。她举了一些例子，比如达维奇（Dulwich）的金斯伍德幼儿园。

在户外，有一个有遮盖的游戏空间、材料和设备存储室和一个大沙坑。花园的布局是一个整体的设计；有一个草丘供儿童上下奔跑，它是由建筑施工中多余的土堆积而成的。树林中凹凸不平的土地被保留下来作为一个冒险区域。

她（1968：64-77）介绍了诺丁山的冒险游乐场，这块地方"人口密集，占地仅一英亩多（约4 050平方米），由当地政府批准拨划并配有围栏"，是面向5岁以下儿童的独立区域。这个集中的游戏场被视为儿童最青睐的"漫游空间"。人们认识到，儿童需要"属于他们自己的非常小的环境"玩想象性游戏。

一群5岁左右的女孩和男孩在户外场地上花了一个小时制作了"泥派"。这些制作用的沙子是用一个纸袋从沙坑里运过来的，水取自喷泉，"水果"（木屑）来自锯木的地方，"糖霜"是从一个旧的清洁粉罐子中抖落的。

赫特伍德的艾伦夫人（1968：18-21）还使用了一些极具感染力的照片，描绘了游戏场的缓慢变迁，从她认为的"监狱期"，如滑梯、秋千等铁制结构，到"混凝土期"，再到"新奇期"（novelty period），如使用淘汰的蒸汽发动机作为游戏设施，继而到"迷宫期"，最后是"自己动手期"，展现了儿童独处时，他们自己进行探索的情形。她提出了一些清晰而简单的设计建议，这些建议在今天都非常值得采纳。

3. 发展状况

此类书籍如《男孩的冒险书》（The Dangerous Book for Boys）（Iggulden，2006）和《女孩的户外活动书》（An Outdoor Book for Girls）（Beard，2007；1915年首次出

[①] 赫特伍德的艾伦夫人（Allen of Hurtwood）是英国景观设计师与儿童权利倡导者。——译者注

版）备受许多家庭的欢迎。活动中心提供假期和学校旅行，儿童可以在那里第一次体验建造木筏、骑小马、划皮艇或尝试射箭。由名人合唱团大师加雷斯·马龙（Gareth Malone）导演的电视节目《非凡男孩学校》与许多老师有一致的看法：某些儿童群体需要不同的体验来激发他们的兴趣，并"让他们转向学习"。该项目用超过8周的时间在埃塞克斯郡的梨树米德小学的实践证明"风险、挑战、身体活动和即时性"（Millard，2010）会如何改变男孩的看法，让他们更容易地进行学习，比如，6个月的时间会提高读写水平。马龙提供了许多有创意的户外活动项目，包括搭建"巢穴"、玩篝火以及和爸爸一起在学校中露营过夜。

五、总结

教育先驱者们对奠定儿童在室内外玩耍和学习的质量基础产生了很大的影响。如何使他们的实践影响当下？我们还有很多东西需要学习和反思。作为教师，我们的任务是理解他们的理念，并确保在日常计划和实践中得以明智地运用和优化，从而在当下以及未来都能使儿童受益。

第二章　风险、挑战与冒险的定义

一、引言

儿童早期的风险、挑战与冒险并不是新概念，恰如玛格丽特·麦克米伦（1930）所描述的她理想中的户外游戏区域：

一个小的儿童花园要提供各种刺激让儿童进行肌肉游戏和运动，必须在制订计划时考虑到实际的安全问题，同时，鼓励儿童勇敢、冒险地游戏，有粗糙的石头、狭窄弯曲的小路、跳跃的场地和一片可以躺着的草地。

本章着眼于探讨儿童早期的风险、挑战与冒险背后所蕴含的理念。梳理分析了在早期教育背景下上述概念的含义。此外，我们还深入讨论了"心流"（flow），以及它在风险、挑战与冒险方面对儿童生活体验的重要性。

二、概念解释

牛津大学出版社的在线简明词典（2011）将冒险（adventure）定义为"一种令人兴奋的或不寻常的体验"或"一种不寻常的、令人兴奋或勇敢的体验"。这一定义似乎是中立的，也与我的观点相符。然而，对风险（risk）的定义则是负面的，并且与危险更加密切相关："一种濒临暴露于危险之中的状况。"与此同时，危险被定义为"危害或风险"或"潜在的危险来源"。挑战（challenge）的定义则更加中立："一种考验某人能力的任务或情境。"

1. 我们所说的具有挑战性的游戏是什么意思？

具有挑战性的游戏是指儿童渴望并有机会自主创造的活动。这是非常个性化的，是个别的、独特的，也可能是由少数有共同兴趣的儿童一起游戏或自发合作创造的特殊挑战。那些有观察力的教育者知道通过投放什么样的设备或资源来制造挑战，让个人或小组可以在成人极少干预的情况下采取下一步的行动，教育者只是一个拥有"观察之眼"的旁观者。例如，许多儿童会尝试在没有任何成人干预的情况下跳得更远或攀爬得更高，而有些儿童则可能由于他们自己的个人能力、需求、兴趣和激情，需要更多的个性化的支持或指导，去寻找更多的小昆虫，或者制作一只风筝、一条彩带在花园里奔跑。无论是在室内还是在户外，儿童都需要玩有挑战性的游戏。

所有的儿童都需要在他们的游戏和学习中经历挑战，这样才能向前发展。大多数时候，这些挑战是儿童自己发起的。不过，有时儿童可能需要教育者在关键时刻给予一个助推、一次语言鼓励或投放不同的设备，以便给他们提供挑战。

合理的规划与儿童自发的学习相结合，深思熟虑和精心设计的活动相结合，可以促进儿童个体在身体、智力、社会性和情感上的整体发展。具体的实现方式可以是很多样的，比如学习自己穿外套和靴子，爬树，躲在灌木丛中，站在山顶，从高处滚下来，或者穿越隧道，大声喊叫。然而，由于每个儿童都是独一无二的，真正的挑战只能是进入个体化的"拓展区"（stretch zone）。假如你正在突破自己的界限，拓展区就介于你的"舒适区"和"恐慌区"之间。儿童应该突破舒适区，迈向拓展区，避免进入恐慌区。因此，外出探索可能会让某个儿童感到兴奋，让某个儿童感到有点焦虑，而让另一个儿童大声且用力地按下报警按钮！（中止活动或求助）这对他们的父母、教育者和照护者也会产生类似的影响。寻找一个新地方，掌握一种新技能，学习如何使用新设备，或者当特殊访客出现时应对一个新习惯，所有这些都应允许儿童发现自己，增强他们的幸福感，建构知识、技能和理解。这在很大程度上要归结于训练有素的教育者在每个儿童发展的关键时刻，干预或克制的直觉和本能。

图 2.1 爬得更高 溧阳市竹箦中心幼儿园拍摄

2. 什么是冒险性游戏？

冒险性游戏是关于我们如何培养儿童丰富的想象力和兴趣，以及如何使他们有时间、空间、资源和环境进行创造性自主学习。在儿童早期，成人引导下的冒险不是进行不适宜的或危险的活动，如看地图、野营、攀岩等，而是更多地在户外新鲜空气里开展的小规模体验，比如用烧烤炉做饭，在花园里照料一匹小马或去森林学校探险。

儿童主导的冒险可能意味着，用各种织物、A字架或类似的物品和一些板条箱制作巢穴、火箭或城堡等。这可以与成人主导的，秋季收获时节雕刻南瓜灯的体验相结合。

关键在于以某种方式做一些不同的事情，为儿童在与他人合作、解决问题、深入思考和反思等方面的发展提供拓展性体验的机会。如果儿童可以自由地自主发起冒险，并在支持性的环境中得到教育者给予的适宜的支持，他们就可以获得真正的、具有教育意义的机会。

3. 什么是冒险？

"冒险"是个常用词，经常被误用于表述消极性的情绪，或者被缺乏真正内涵和目的地随意使用。有一些文献，如《早期基础阶段法定框架》（*Statutory Framework for the Early Years Foundation Stage*）（DfES 2007），提到了"合理的风险承担"，这意味着成人知道并理解风险，但考虑到儿童的年龄和发展阶段，评估伤害的可能性很低。"教室外的学习"网站指出，轻微伤害的小风险不是风险评估的重要因素，但是如果风险不止一个，一系列评估策略就必须跟上。本书认为，冒险是在儿童和成人每天经常选择做的事情的基础上，再多做一点，做一些不同的事情，或者探索你以前没有去过的地方。比如，当儿童第一次来到幼儿园，在攀爬梯上再努力爬一步，不用牵着成人的手走过自制的木板桥而保持平衡，或者即使儿童特别迫切地想问一个问题，但却能默默地集中注意力观察蝴蝶采花蜜。它是个人化的，但如果不是建立在一个相对"安全"的环境中适当承担风险的背景下，就可能涉及潜在的风险或伤害。

三、"心流"的重要性

真正发现风险、挑战与冒险的内在价值的学者是美国心理学家米哈里·契克森米哈赖（Mihaly Csikszentmihalyi），他提出了"心流"的概念。① 他推断，从个体心理角度看，当我们面临挑战并且投入到一次体验或活动时，我们会得到激励。相反，当面对无聊的，缺乏新意的，或者不是我们在工作、游戏及人际交往中喜欢的东西时，我们在生活体验中就会失去动力。心流通常发生在某个人集中技能克服对他来说几乎是完全可行的挑战时刻。如果挑战太大，他就会变得沮丧，甚至更有压力。如果挑战太小，他投入的努力就会打折扣，也会产生轻视，任务往往完成不好。心流在运动和冒险活动中非常明显，例如，需要在高度或速度方面付出更多努力的登山者或游泳者，需要运用更宽广音域的歌手，以及必须更新手法或随机应变进行手术的外科医生，都可能触发心流。米哈里·契克森米哈赖将心流描述为"在枯燥无味的生活背景下，闪现出的强烈的生活光芒"（1997：31）。

心流需要一个人投注全副精力——丝毫容不下无关的念头，心无旁骛，不会意识

---

① "心流"是由著名心理学家、积极心理学奠基人米哈里·契克森米哈赖基于大量案例研究，开创性地提出的一个概念。指的是我们在做某些事情时，那种全神贯注、投入忘我的状态，是一种让人感到非常满足的状态，是一种既令人警觉又令人平静的状态。这种状态下，主体甚至感觉不到时间的存在，在这件事情完成之后我们会有一种充满能量并且非常满足的感受。能产生心流的活动，即使表面上看来非常危险，但它的结构却能帮助参与者加强技巧，使犯错的可能性降至几近于零。他认为，"只有高难度挑战与卓越的能力相互配合，个人的全心投入才可能触发心流，塑造异乎于平常的体验与感受。""心流"是贯穿本书的一个重要的概念。——译者注

到时间的流逝，整个身心都投入到极致。因此，对于成人的工作和玩耍（作为爱好），当心流实现时，年轻人和儿童会更满足。户外活动的乐趣在于，在活动中心流显然更为明显。由于成人施加了更少的课程限制，因此儿童会从中受益。心流倾向于"作为吸引学习的磁铁，即发展新的挑战和新的技能水平"（1997：33）。心流培育真正的学习体验，并增强学习"意向"（dispositions），这对儿童的终身发展至关重要。在儿童早期，提供过多的低水平维持性活动会导致无聊和漠然，而过多的刺激则会导致焦虑、压力和担忧。

那么，我们如何确保每个儿童都达到恰当的心流状态呢？可以通过仔细观察来实现：儿童什么时候最快乐，最有动力？他们在说什么？他们在和谁打交道？他们会专注多久？有了这些证据，成人就可以创设一种具有创造性的生活，而儿童可以从中选择，获取一些主动权，以获得适当的心流体验。我们需要从儿童的兴趣和优势开始，在他们渴望新的冒险和挑战的同时，巧妙地将他们的学习拓展到更广泛的领域。如果我们为儿童提供必须进行互动的学习体验，那么就会进一步促使他们与心流相遇，因为结识朋友会提供更多积极的体验。

四、游戏的重要性

当青少年远离成人，投入到激发他们的活动中时，往往是最快乐的，经常在自我挑战的情况下获得心流。由于儿童的年龄和脆弱性，他们需要依赖成人，但他们依然需要冒险、挑战和真正学习冒险的机会。正如库克和赫塞尔廷（Cook & Heseltine，1998：4）在他们的研究中所讨论的，通过这样的体验，他们开始了解自己的能力，并判断自己在可控的环境下能做什么或不能做什么。非常重要的是，我们应鼓励和支持儿童游戏，因为游戏是"完美的媒介"，正如拉利（Lally，1991：72-74）指出的，游戏可以让他们"探究、发现、建构、重复和巩固、表征、创造、想象、交往"。

在学校，富有远见卓识的成人加强了以游戏为基本活动的学习。儿童最初需要有时间来高质量地学习玩游戏，然后，成人运用精密观察以及与儿童的互动，通过提供想法和指明他们可能希望使用的资源来微调儿童的经验。最后，成人可以作为催化剂，为儿童提供适当的挑战，保障游戏在没有主导计划的情况下有效实现心流，以使无论处于哪一发展阶段的儿童，都可以通过这种体验拓展和成长。这给儿童留下时间进行思考，并让他们对游戏充满自信，与敏感的成人通过持续共享思维来分享、合作和解决问题。

五、将风险、挑战与冒险联系在一起

我们试图通过利用户外活动的体验，为广大的儿童创造如阿博特和纳特布朗（Abbott & Nutbrown, 2001: 112）所说的"机会的调色板"。

通过风险、挑战与冒险来学习，帮助儿童发展各种能力与技能，以应对问题、解决问题并做出明智的选择。它还有助于儿童对室内活动、会见来访者、在学校或当地社区开展探索活动的决策后果负责。让儿童学习为天气、交通、饮食、时间和其他人等因素进行计划，帮助他们理解风险和管理危险。"面临管控良好的风险有助于儿童学习重要的生活技能，包括儿童如何为自己管理风险……特别需要学习管理风险和冒险活动……这是一种理想的方式"（HSE, 2007）。

如果不能给儿童真正的风险、挑战与冒险的经历，我们的社会将会深受其害。这种探索性观点得到了盖伊·克拉克斯顿（Guy Claxton, 1990）的支持，他认为如果要有创造性，你必须"敢于与众不同""过刺激的生活"，而不是一味地接受被给予的东西。

第三章　对风险、挑战与冒险的态度

一、引言

　　本章聚焦人们对风险、挑战与冒险的态度及其变化；讨论当前规避风险的文化和儿童更少在户外玩耍的事实；探究了儿童在更早的时候转向更正式的学习而减少户外玩耍的过程。本章将重点讨论导致户外活动减少的因素，如我们规避风险的文化，快速城市化和童年商品化。最后，介绍由于森林学校和（英国）国家信托基金等机构的参与，以及其他国家的影响，对风险、挑战与冒险的积极态度的明显转变。

二、观念的变化

　　当我向成人问及童年游戏的记忆时，无论是回忆在乡村的童年，还是在城市的童年，他们都提到了一系列记忆犹新、历历在目的经历：

- 混龄；
- 园艺；
- 除了回家吃饭或睡觉外，自由活动；
- 在巢穴、树林里使用材料玩想象游戏；
- 脏乱游戏，如泥派、花瓣"香水"和筑坝；
- 用在当地找到的材料进行建构；
- 玩跳房子、捉迷藏、抓子游戏等规则游戏；
- 打滚等身体运动游戏。

成人似乎记得并真正珍惜他们自己童年时期的这些经历。那么，为什么现在似乎很多人觉得无法为儿童提供类似的机会——如果是这样的话，原因是什么呢？是由于媒体的误导吗？还是当今的社会希望减少儿童在户外游戏的时间，因为室内有其他更易于管理的选择？20世纪50年代和60年代以后，户外自然游戏的价值开始改变，儿童在幼儿园和学前班里进行户外游戏的时间也变得更短了。这可能是战后生活环境改善的结果，也可能是由于人们对早期正规教育价值的态度发生了改变，以及父母工作模式的重大变化，而需要提供更多的儿童照料。当然，媒体对养育子女的影响要大得多，科学技术的快速进步使得媒体在我们日常生活中比以往任何时候都更加有影响力。因此，在养育孩子方面，我们似乎存在着信任与控制之间的矛盾。特别是社交媒体，它让我们的消息变得如此的灵通，在养育孩子的过程中，发展了一种虚假的亲密关系，而不是前几代人更多元化的关系和较慢的沟通方式。那时，家庭真正地了解他们的社区，更多的人参与养育儿童。而今，家庭的作用发生了重大的变化，由于媒体提供了过多的信息，常常剥离了家庭、社区的参与及他们应承担的相关责任。

三、转向更正式的学习

在5岁及以上儿童的正规教育中，游戏和类似的活动时间由最少的教师监督，这样其余的人员可以稍事休息。它与儿童的真正需求几乎没有什么关系。游戏时间被认为是儿童在回到课堂进行真正学习之前，缓解紧张情绪的交往和运动时间。在英国，随着中央政府对学校管理和控制的弱化，游戏时间也随之减少了，尤其在午餐期间，这是为了满足学校管理的需要。课程设置的许多变化和入学招生的改变也是年幼儿童游戏时间缩短的原因。游戏已经被降级到充其量只是一种休闲活动，而不是儿童发展的重要组成部分。

四、户外游戏的缺失

伴随着这种教育观变化的同时，人们开车多了，步行少了，汽车旅行减少了真正的锻炼以及与社区的联结。研究显示，自2000年开始，户外积极游戏和学习的情况不断恶化，儿童要静坐更长的时间接受成人安排的课程与教学。随着儿童被迫更多地坐下来完成成人指定的任务，他们变得不那么专注了（Pelligrini & Smith，1998）。儿童被要求更多地坐下来，是因为课程变化的需求，而不是教师关注到了儿童的发展需求。

2012年3月，（英国）国民信托基金在由斯蒂芬·莫斯（Stephen Moss）撰写的一份名为《自然童年》的报告进一步增强了这场辩论。该报告显示，儿童与户外活动的联系急剧下降，同时强调了保持健康、了解周围的世界以及通过建造巢穴、摘花和爬树来获得乐趣的重要价值。统计数据显示，仅仅一代人的时间就发生了巨大的变化：

- 只有不到10%的儿童在野外玩耍，低于30年前那代人的50%。
- 儿童的活动半径在一代时间内减少了90%。
- 每年从床上摔下来而去医院的儿童是从树上摔下的3倍。
- 2008年的一项研究显示，有一半的儿童被禁止爬树，20%的儿童被禁止玩康克戏或捉人游戏。

（Moss，2012）

这是由什么造成的？是否与全社会关于风险认知的变化有关？

五、规避风险的文化

近年来，社会正朝着规避风险的方向发展，它似乎希望用棉被包裹儿童，以便以某种方式保护他们免受自己和看不见的危险的伤害。然而，正如道格拉斯（Douglas，1992）所指出的那样，"风险"一词对许多专业人士来说等同于"危险"。考虑到目前的法律诉讼环境，这可能会导致一种回避文化，因为许多从业者确实担心自己的法律安全。

各种事实和误解为支持平衡风险的方法增加障碍。蒂姆·吉尔（Tim Gill）在为英国户外委员会撰写的报告《没有什么可以冒险：平衡户外的风险和益处》（2010：3）中一针见血地指出：

- 学校组织的参访活动数量急剧下降。
- 参访活动和户外活动面临很大的危险。
- 教师面临着严重的被起诉的风险。

- 层出不穷的法律诉讼。
- 法院正在有系统地作出不利的判决。
- 一些团体建议教师或支持员工不要组织或参加教育参访。

六、快速城市化

许多成人忧虑，我们正在失去与自然的联系，因为城市的扩张、交通拥挤、犯罪率上升、"陌生人的危险"增加和运动场地数量的减少，加速了儿童自由活动的消失，增加了压力和肥胖，减少了自由的选择。操场也被规避风险的文化感染，尽管实际上它们相对安全，恶性事故也非常罕见。"零风险选择"产生了意想不到的后果，在过去的 10 年里，操场地面软化再改造花费了超过 3 亿英镑（约 27 亿元人民币），而只挽救了 3—4 人的生命。相比之下，基本的交通稳静化措施（traffic calming）却挽救了 30—40 人的生命。软化平面也是"保持干净"文化的一部分，这一文化在城市和大城镇尤其盛行，剥夺了儿童的感官与自然材料的接触。

七、童年商品化

儿童营销活动、电子干扰和屏幕时间的增加也对他们造成了不利的影响。社会本身就为儿童的学习制造了界限，下雨天，父母忙于工作或家务，把孩子轻易地交给好玩的电子屏幕而不愿意去公园散步，显然，这造成了一种困难的窘境。儿童更容易受到市场营销的影响而引发一种内在的"儿童消费力"[①]，然后影响下一次购物。对一些家庭来说，购物本身已经成为一种共同的活动或爱好，一些孩子穿着昂贵的名牌服装，生怕被弄脏和损坏。儿童服装、书籍、玩具，甚至食品都被用来当作商品销售。只要想一想，有多少清洁商品使用了儿童的形象，这就是"保持干净"文化的另一种体现。

当然，电子信息潮流也并不全是负面的，在某些情况下，可能提供了一种良好的

---

① "儿童消费力"是指儿童影响其父母消费决策的能力，通常通过唠叨和纠缠不休达到让父母购物的目的。——译者注

育儿模式，但它也提高了父母对陌生人、交通、恶劣天气以及其他以前不太明显的危险和威胁对儿童造成许多潜在危害的意识。福雷迪（Furedi，2002）提到，受"恐惧文化"的影响，父母对儿童安全的焦虑前所未有地上升，影响了他们对儿童在户外以及没有监督时安全的态度。

八、对教师的影响

对上述现象和问题的关注与当前早期儿童的游戏和学习有什么关系呢？大多数人都认同，儿童需要时间和空间来四处奔跑，发出噪音，宣泄情绪，允许弄脏和了解周围世界，但这与对他们安全的担忧和可能产生的诉讼（法律责任）相互冲突。这似乎也与认为学习只有在正式环境下才能发生的观点相悖。对于教师来说，这意味着需要跨越一个"雷区"，包括阅读指导，遵循规则，符合急救和其他福利法规、政策的要求，获得家长的许可，完成表格填报，而这些只是为了能走出教室的门，更勿论跨出学校大门了。因此，尽管对户外游戏的价值有如此多的共同研究，但如果遇上"不合理"的天气状况，一些教师仍然会选择放弃日常的户外体验，这也不足为奇。

九、全新的开始？

相较之下，林登（Lindon，1999）和吉尔（Gill，2006）则强调，儿童从来没有如此安全过。有关发生在儿童身上的悲剧可能会迫使成人感到不知所措和孤立无助，从而导致拒绝任何面对风险、挑战与冒险的机会。我们对"如果那是我的孩子呢？"都感到畏惧，然而，如果在我们的眼里，世界是一系列潜在的威胁生命的场域的话，那么我们将寸步难行、毫无作为，在儿童成长和发展的过程中，他们经历真实生活的机会和自由将会被剥夺。无论如何，我们必须摒弃这种不正常的恐惧。从长远来看，户外活动中的风险、挑战与冒险是我们所能提供的最好的养育儿童的方式。正如蒂姆·吉尔所说："让孩子们享受自由，是每个为人父母的重要职责，而不是粗心大意或不负责任的行为。"许多家长已经有所意识，大声疾呼为儿童松绑，这是最近来自布里斯托尔（Bristol）"出去玩"（Palying Out）运动创建居民区游戏街道的挑战。几年前，在伦敦有两个孩子的父母曾为他们5岁和8岁的孩子骑自行车上学的权利而努力，此举旨在帮助儿童更智慧地成长，而不是让他们成为害怕离开家的过于恐惧的人。

儿童善于读懂成人赋予游戏和学习的价值。伊拉姆·西拉吉-布拉奇福德教授（Iram Siraj-Blatchford, 2001）研究发现，这些成人经常被认为是监督而不参与游戏的监视者。户外仍然是为数不多的儿童可以独立玩耍的地方之一，在身体上和社会交往上学会合作，这是应对未来生活和学习的十分重要的部分。2000年，（英国）全国体育场地协会（the National Playing Fields Association）的研究指出，儿童身体运动、建立信心和自尊，以及缓解压力的机会减少了。

从2000年开始，研究表明，积极的游戏和户外学习渐趋恶化。莎莉·戈达德·布莱特（Sally Goddard Blythe, 2000）尖锐地指出，"最高级的运动形式是静坐不动的能力"。同样，戈斯瓦米（Goswami, 2004）进行了关于运动与婴儿及年幼儿童大脑发育之间联系的研究。这种关键的身体/大脑联系与维果茨基（Vygotsky, 1978）的研究有关系，他强调关注儿童在已经形成的技能基础上能够做什么，并"利用冒险行为来鼓励他们进一步推动自己，扩大自己能力的界限"。卡罗尔·德韦克（Carol Dweck, 2000）提出了"掌握"（mastery）的理念，秉持"我能做到的态度"而不是"习得性无助"，并将其视为学习的关键，教师应该精心考虑学校/机构的理念，以及如何增强父母对户外游戏和学习的支持。

儿童心理学家艾瑞克·辛格曼（Aric Sigman, 2007）强调了他所阐述的"乡村效应"的好处。他的研究发现，接触大自然的儿童在注意力和自律方面的得分更高。他们在阅读、写作、数学、科学和社会学习等方面进步明显。他们更擅长团队工作，整体上表现出行为改善。值得注意的是，他们不仅学得更好，而且随着认知、情感、社会/人际和身体/行为领域的改善，他们的学习方式也不同。

十、全英国范围内的影响

在过去的几年里，不同立场的研究表明，社会对风险、挑战与冒险以及户外游戏的重视有新的认识，这是值得乐观的。在名为"播种"（Sowing the seeds）的报告中，伦敦市长说，三分之一的12岁以下儿童在伦敦错失了他们发展中的重要部分，因为他们一年内只有6次探访自然的经历（London Sustainable Development Commission,

2011)。该报告还提出,这种经历应该成为儿童日常生活的一部分。

益普索·莫里社会研究院(IPSOS MORI)2011 年的一项调查,研究了英国、瑞典和西班牙的儿童健康状况。在英国,对儿童在获得户外游戏和学习机会方面的不平等的担忧,是进行户外游戏、体育活动和创意活动的一个重要因素。比较明显的是,在瑞典和西班牙,家庭共同参与户外活动的时间是日常生活的一部分,但在英国却远没有那么明显。当儿童到了中等教育年龄时这一现象更是如此。随着物质享乐主义的滋长,来自英国不太富裕家庭的孩子从户外活动中获得的幸福感在减少。

英国皇家园艺学会(Royal Horticultural Society)最近的一项研究显示,超过81.6%的父母和4—11 岁的孩子一起进行过园艺活动(据2014 年 8 月19 日《伦敦标准晚报》的民意调查报道)。然而,近一半的受访父母(48%)表示,他们的孩子对园艺的了解程度与他们不相上下,因为只有不到1%(0.6%)的父母被教导在学校亲自做园艺。有趣的是,58.8%的人表示,他们的孩子可以进入学校的花园;76.2%的人表示,他们的孩子使用了花园。萨夫伦(Savlon)和"游戏英格兰"(Play England, 2012)的研究发现,42%的6—15 岁儿童从未做过雏菊链,他们中的25%从未从山坡上滚下来过,三分之一的人从未建过巢穴,只有10%的人独自步行去上学。

2012 年春,(英国)国民信托基金出版了一本名为《11 岁前要做的50 件事》的实用手册,提出孩子们(和父母)可以作为冒险家、发现者、护林员、追踪者和探险家,参与并记录50 个不同挑战带来的收获。这表明,人们对户外活动的兴趣伴随着社会中出现的"回复本原运动"(back to basics)①而再次复苏。这些活动还可以链接到指定网站,每个儿童还能获得一枚奖章。

十一、世界范围内的户外冒险游戏

我们可以从其他文化和比较风险中学到很多东西。在世界各地,不同文化对环境的看法和对风险、挑战与冒险态度的不同是显而易见的。其中许多观点对儿童具有积极的影响。

---

① 回复本原运动(back to basics),主要是用来指由英国保守党提出的恢复到理想生活的基本原则的主张,有返璞归真、回归自然之意。——译者注

1. 森林学校

在丹麦和其他斯堪的纳维亚国家建立的森林学校最初是为 7 岁以下儿童创建的，旨在鼓励积极的体验、技能发展和户外参与，让儿童学习尊重周围的世界，并了解他们的行为如何影响环境。这是与基于公民意识和父母参与为核心原则的学校系统相辅相成的体系，该体系的建立是为了在一个遵循儿童发展、儿童福祉和儿童权利原则的民主社会内创造"有意义的教育"。丹麦的幼儿园给予儿童自由，他们可承担的风险程度非常高。森林学校运动对英国学校和机构也产生了越来越大的影响，因为有研究表明，这对信心不足或有行为困难的儿童在个性、社会性和情感发展方面都有好处。我曾经在布里奇沃特早期卓越中心（Bridgewater Early Excellence Centre）和牛津郡森林学校（Oxfordshire Forest Schools）工作过，也与荷兰公园生态中心（Holland Park Ecology Centre）和切尔西露天幼儿园保持着持续的联系。

有关在森林学校环境中学习管控风险和冒险的研究告诉我们，它对个性的发展具有巨大的价值，与此同时，在诸如毅力、专注力、动机以及技能等一系列学习特征方面也显示出改善作用。奥布莱恩和默里（O'Brien & Murray，2007）以及卢卡斯和克拉克斯顿（Lucas & Claxton，2010）的研究证明，户外学习有助于改善儿童的学习意向。在挪威，十分之一的幼儿园在一年中的大部分时间里每周至少有三天的户外活动，同时有充足的日照时间，儿童可以在帆布帐篷里享受午餐和休息。挪威的温度一般都很低，但唯一真正的危险是风寒，所以需要一个可靠的温度计进行定期观测。挪威人认为，作为教师，要有创造性地利用天气条件，并利用环境来支持每个儿童的适应力和整体发展。在不平坦的地面上行走可以发展平衡和协调能力，5 岁的儿童能够花 3 小时攀登 470 米的高峰，没有厕所，没有家里的种种舒适——仅仅携带他们准备在火上做饭用的食物。

我们通过森林学校运动开始体悟到，风险—收益分析显现了活动的真正好处和危害分别是什么，这让我们有机会看看哪些活动是最有价值的。

2. 新西兰的方式

新西兰的幼儿教育课程旨在让儿童"成为有能力的、自信的学习者和沟通者，思想、身体和精神健康；具有归属感并有意识地为社会作出有价值的贡献"（Ministry of Education, 1996: 9）。在新西兰的机构中，风险和挑战非常明显，在家庭和社区关系、赋权以及通过探究实现整体发展方面具有强烈的归属感和沟通精神。

3. 意大利瑞吉欧·艾米利亚

"二战"后，在意大利北部城市瑞吉欧·艾米利亚，那些反抗法西斯的母亲们建立了新的幼儿园。在那里，儿童是有创造力的、有能力的个体，至今仍是其教育哲学的核心。幼儿园坚信社会关系对每个儿童的重要性，帮助他们创造知识和以多种方式进行研究，同时在没有非计划的正式课程或特定预期结果的背景下，探索通过"一百种语言"进行学习，这有助于培养儿童更高水平的思维。这种儿童主导的哲学的影响在今天瑞吉欧·艾米利亚幼儿园美丽的室内环境中体现得淋漓尽致。他们认为，环境是与儿童互动的关键要素，被称为"第三位老师"。

我记得在瑞吉欧·艾米利亚的戴安娜幼儿园里，看到3岁的儿童非常有能力地使用刀具。我被吸引了，可很多同事却被吓坏了。后来，在另一所瑞吉欧幼儿园中，我看到一个爬行的婴儿把头探进一个圆形的养有本地金鱼的玻璃鱼缸里，教师没有任何过度的反应，只是平静地观察并记录儿童的真正兴趣和参与行为。当然，在这两种情况下，都没有人撰写风险评估报告。我开始意识到，健康和安全与学校和机构的文化是密切相关的。

十二、游戏提供的文化因素

在欧洲，不管是在住宅区，还是在城镇和城市购物中心，都有可供儿童游戏的街道和令人兴奋的公共游戏场，水、沙子和真正的攀爬挑战设施随处可见。

当儿童刚开始进入幼儿园时，文化差异非常明显。尽管家长已经参观了切尔西露天幼儿园，听取了全年的自由心流游戏以及在室内和户外学习实践的详细介绍，可一旦出现霜冻、下大雨或孩子轻微感冒时，一些儿童就会待在家里或被父母要求留在室内。遇到这些情况，家长会被友善地提醒，如果孩子生病了，应该待在家里，但如果没有生病，就不能减少他们在室内和室外游戏的机会。同样，在寒冷的冬天，有些儿童为了保暖，里三层外三层裹得严严实实地参加活动，以致他们常常不方便及时上厕所。来自斯堪的纳维亚半岛和许多发展中国家等文化背景的儿童，更能适应户外学习，因为他们的文化珍视户外游戏。

十三、早期基础阶段的课程

2008年最初版英国的《早期基础阶段法定框架》支持性环境第3.3条强调了室内和户外玩耍的重要性："丰富多样的环境支持儿童的学习和发展。让他们充满信心地在安全而又具有挑战性的室内和户外空间中探究和学习。"《保障和福利条例》修订版（Safeguarding and Welfare Requirements，2012）第3.57条规定："机构必须提供户外游戏区，如若不能，应确保每天做好户外活动的计划并实施（除非情况不合适，例如不安全的天气条件）。"这不是一个逃逸条款，而是在户外场地空间和材料缺乏或教师人数有限的情况下，对教师而言更有创造性的真实机会。这需要精心周密的计划，以确保成人与儿童的比例。如果在犯罪记录局的协助下对父母、受托人、管理者和志愿者的身份进行了核查，那么，儿童没有理由不能经常去当地公园。虽然每天这样做可能不可行，但如果资源充分，可以长期定期实施。

关于户外活动的设施设备，《早期基础阶段法定框架》（2008年）规定，能动性环境应强调使用各种真实物品和工具帮助儿童发展关键技能，发挥室内外游戏的价值。正如蒙台梭利（1912）多年以前的尝试，用餐时使用瓷器和水果刀，生活活动中使用缝纫针和木工工具，这反而消除了大部分风险。《早期基础阶段法定框架》（2008：33-36）强调了对"室外和室内空间、家具、设备、玩具必须安全且适合他们的目的"进行年度风险评估的具体法律要求。在2012年修订的《早期基础阶段法定框架》中关于"员工指导"这一部分进行了新的调整。《保障和福利条例》第3.63条规定："机构必须有明确的、易于理解的政策（风险评估）和程序，以评估危害儿童安全的任何风险，并定期审查风险评估。"紧接着又指出："风险评估应该确定需要定期检查的与环境有关的具体方面，何时由谁检查，以及如何消除或最小化风险。"因此，责任落在机构或学校领导与管理者身上。

2011年7月，克莱尔·蒂克尔（Dame Clare Tickell）主持审定《早期基础阶段法定框架》，为户外学习提供了关键性的支持。2012年3月修订后的《早期基础阶段法定框架》强调，应关注包括健康在内的身体发展，使其成为与个性、社会性和情感发展以及沟通和语言学习的主要领域。蒂克尔还阐述了每天提供户外游戏的重要性：

- 户外游戏对儿童的发展和健康有积极的影响。
- 在户外亲身体验天气、季节和自然世界的丰富性和多样性。
- 探索户外提供了不同的机会、自由、感官探索、身体活动、纯粹的活力和热情。

修订后的《早期基础阶段法定框架》给我们一个宝贵的机会坚守独特的儿童、能动性的环境以及积极关系的基本原则，运用教学和学习的特性为儿童创造冒险游戏的真实体验，迎接适宜的挑战，承担合理的风险，因为儿童需要在发展适宜性水平上发展他们的游戏和学习机会。这些都可以通过特定的课程领域建立令人兴奋的联系来加强。

最后，一位家长在互联网上给我展示了一个关于吉弗·塔利（Geever Tulley，2007）的有趣链接，我们从中可以看到塔利提出父母应该让孩子做的五件危险的事情：

- 玩火。
- 拥有一把袖珍刀。
- 投掷标枪。
- 拆解设备。
- 违反数字版权法。

虽然其中一些活动对于年龄较小的儿童来说是有问题的，似乎大多数的视频片段主要关注的是小学生，但塔利认为，儿童从真实的冒险经历中学到的东西比观看动画片更多。制作和使用真实的东西，如用火做饭，直接引发关于燃烧、进排气的基本科学现象的发现和探究。塔利拍的孩子们进行这些冒险行为的视频是很有吸引力的。就我个人而言，我绝对不会在驾车时让孩子坐在成人的腿上，即使在被塔利称为需要"授权"的私人区域。但我在几个欧洲国家看到过这样的现象。我承认，孩子们可能会很喜欢，因为这就像他们对恐龙等非常强大的事物的迷恋一样。

十四、总结

教师必须就户外游戏和冒险的哲学做出自己的抉择，但仔细讨论海伦·托维（Helen Tovey，2007）的观点有助于增强我们的信心和优化实际的教学方法。她认为："碰撞、擦伤、摔倒和跌落是学习的一部分，我们不能屈服于过度的焦虑或鲁莽。"这种平衡的观点为机构和学校提供了一个起点，让他们考虑与父母合作，以确保儿童获得不可或缺的、激动人心的体验，他们永远都不会忘记，这也将促进他们的整体学习。冒险是必不可少的，我们必须为未来社会的利益而大力鼓励和发展它。

第四章 风险、挑战与冒险的好处

一、引言

儿童在户外游戏和学习有很多的好处。虽然风险、挑战与冒险可以自然地支持儿童的发展,但如果能适宜地提供,就可以扩展不同儿童的视野,无论他们的背景或能力如何。本章将探讨风险、挑战与冒险如何影响儿童生活的方方面面。从观察儿童运动和儿童发展的各个方面开始,将主题引至有关身体、心理健康和幸福的讨论,特别是与接触自然的联系。最后,这一章聚焦探讨全纳,考虑有特殊教育需要和残障的儿童以及性别差异,特别是对男孩和女孩不同的好处。本章主要是关于为所有儿童提供积极发展的机会。

二、运动与儿童发展

任何年龄的儿童都需要空间,但在1—7岁阶段,他们对充足空间的需要,几乎像食物、空气一样重要。移动,奔跑,通过新的运动来发现事物,动用所有的肢体来感受生命,这就是童年早期的生活。

(Margaret McMillan,1919)

直到今天,麦克米伦的这一观点仍然掷地有声。对很多儿童来说,进入一个提供高质量保育和教育的机构,花园/户外的空间以及机构所提供的运动,对他们来说就是一种纯粹的快乐!花园让儿童有机会自由奔跑、骑自行车、扔球、制作沙堡和泥派、建造巢穴和躲藏的洞等,这实际上改变了他们的生活。

运动可能是儿童最重要的学习方式。艾萨克斯（1952：74）指出："语言最初只是一种指代事物的方式，但只是空洞的声音，直到儿童与事物本身有了丰富的接触，并用手和眼睛探索它们时才具有意义。"她还强调，随着儿童的发展，他们开始通过拉伸、行走、奔跑和跳跃，来理解远近、上下等概念。各种不同程度的动手操作体验使儿童与空间、自然资源和周围环境实现了真实且可感知的互动。对他们而言，那是新鲜的，也充满了惊奇、可能的恐惧和兴奋。这常常会使他们能够在比室内更自由的空间中奔跑、攀爬、躲藏、行走、挖掘、建造、实验、制作和发现的过程中获得真正的快乐。通常，户外也为儿童提供了"测试"身体运动技能的机会，这在他们摇摆树枝、创建沙堡或玩泥团时经常可以看到。这些活动提升了他们的自信、自我调控和健康。户外活动也有不同的节奏，儿童有能力自己调控选择运动得更快或者保持静止，他们能遵循自己的节奏，不论是与他人互动还是独处。他们可以了解天气和季节，可以精心照料并观察植物生长需要多长时间。儿童可以通过在户外全身心地自由玩耍，通过学习安全有效地使用工具感受和体验周围的世界。他们可以用园艺铲子、铲刀、浇水壶、锯、刀、钳子和火柴（其中一些工具的使用需要成人适当的指导和监督），来进行修剪、搭建窝棚、生火等活动。

修订版的《早期基础阶段法定框架》指出，身体发展是成人在户外最容易计划和实现发展的学习领域。当然，其他两个主要领域——个性、社会性和情感发展，沟通和语言——以及特定领域也相当重要，它们能使有效学习的所有特征通过专业的保育与教育得以产生和协同发展。比如，发现和探索问题、坚持和选择做事的方式等有效学习特征，在具有风险、挑战和冒险的环境中，通过有计划、有目的的活动机会，以及成人恰当的干预，追随并拓展儿童的兴趣，自然而然地展现得到加强。他们有无限的可能性来探索发现自然材料、规则和边界。总的来说，儿童如果有机会充分地体验适宜的风险、挑战与冒险，其精细动作和粗大动作都会表现出良好的控制和协调能力。他们也将对一系列的工具和设备充满信心，并安全有效地使用。通过体验，他们将依据自己的卫生和健康状况对健康和安全有更多的理解。

户外游戏对儿童极为重要，原因在于：

- 自然环境是多样化的、灵活可变的，可以支持多种形式的游戏和学习。
- 儿童认为在户外不受成人规则的约束，因此他们的游戏更开放，可以更有创造性地玩。

- 户外游戏提供了更多的可能性——建构、操作、不同的运动方式、控制和身体掌控。它还可以产生一种敬畏感和惊奇感，并激发创造力、象征性游戏和想象力。
- 儿童在户外有自己的起点，因此他们可以即兴玩耍和保持独立。
- 户外游戏极为多样，为支持个人和群体的身体、心理和情感健康提供了丰富的机会。
- 户外提供了真实且有意义的学习机会，儿童回忆和讨论事情，并从中享受乐趣。
- 追求自由和扩展界限是儿童的天性。

三、儿童的发展是一个自然的过程

儿童的发展是一个运用感官将身心发展与自然建立联系的自然过程。大自然通过镇静、疗愈以及维生素 D 和血清素等有益健康的因素，为支持儿童的发展提供了很多帮助。大自然充满了丰富的机会和儿童感兴趣的事情，令他们为之着迷，让他们怀着好奇心去发现更多。不妨想一想，当一只蝴蝶立在叶子上时，儿童可以观察它五彩缤纷的翅膀，或者它如何飞向地面，藏在落叶下。这会引发儿童自然地参与并坚持追踪自己的发现，相应地，这会促进儿童的认知发展，带给儿童明显的快乐和满足。儿童会自然地开始观察他人，观察他们在做什么，这反过来会帮助他们做好准备去探索其他可能性和冒险。当他们开始欣赏自然环境时，就会意识到生命周期的模式以及周围世界的复杂和细腻。他们开始觉得可以独立做一些事情，有能力解决问题，并与他人建立关系。最后，通过与成人的合作，他们开始发展一种关怀的意识，并开始理解可持续性。一个初次照顾种子或球茎的儿童每天会看它好几次，给它浇水，帮助它发芽生长。因此，这让儿童产生了一种感觉——他可以做一些近乎神奇的事情，还能培养他们尝试其他挑战的意愿。最终，儿童会在今后的生活中形成更多的信念、动力和责任心。对此，英国皇家鸟类保护协会（RSPB）的《自然状况报告（2013）》以及联合国教科文组织在 2014 年发布的《联合国可持续发展教育十年（2005—2014）国际实施计划》均认为这是至关重要的。

作为一个个体，每个儿童从家庭里的安全开始，通过自己的生活经历来探索和发展技能、知识和理解。这是一个非常重要且微妙的过程，它需要时间，不过对于被照料的脆弱的儿童来说，这一过程可能会被打乱。儿童经历了从翻身、坐、爬、站到走，然后是上下台阶和小山坡，踢、抓、滑、跑、跳跃和攀爬的过程。这一系列的运动本身也提供了一种风险感和"恐惧感"，因为儿童发展了他们克服挑战的个人意识。如果观察那些被"关"在室内，被剥夺了一段时间进行真正自由运动的儿童，你就会发现他们往往会过度补偿失去的时间，因此，一旦到了户外简直就像爆发似的，疯狂地奔跑，往往很少能意识到危险。蹒跚学步的幼儿倾向于在室内学习走路，但当他们置身户外时，他们会受到不平坦的地面或不可预测地面的挑战，于是会自然地放慢脚步。有的地面可能很滑，或者在风、雨或雪中更难行走。一个平缓的斜坡在爬行的婴儿眼里，就像山和楼梯一样，对于刚学会走路的幼儿而言也一样。对于只熟悉比较平坦的城市住宅的3岁幼儿来说，一个斜坡可能会吸引他们去奔跑，失去控制，摔跟头，直到他们学会如何运用新掌握的技能自信地通过这样的斜坡。因此，儿童的内部风险评估机制开始工作，并支持他们承担适合他们各自发展水平和技能的挑战。

通过在户外游戏，儿童既能获得更喧闹的机会和快乐，有时又能体验到比室内更安静、更平静的乐趣，例如，看着毛毛虫爬过树叶。这些经历对儿童来说都充满了挑战，通过风险和冒险来支持他们的发展。无论是在泥泞的水坑里跳跃，用棍子、贝壳和石头建造仙女屋，还是用水管向其他孩子和成人喷洒，这些机会带来的好处，对每个儿童而言都是至关重要的。

四、自由的游戏

在户外，没有了室内的种种限制，儿童可以在不同的空间自由移动，自由地寻找和移动资源，改变游戏的节奏和进程。12个月大的婴儿，正从功能性游戏向假装游戏转换，游戏过程中这种非预期性非常重要，而户外能赋予他们自由和空间，让他们尽情地想象。这种假装游戏都是自然的、不可预测的，因此天然存在的资源，如树叶、石头和木棍，可能会被当作某个游戏中的食物和工具。

空间和层次的多样性对儿童的发展也很重要。儿童可以进入任何成人都无法挤进去的空间，他们需要与同伴一起游戏，通过动手操作，探索高度、深度等概念。在户外，可能性是无限的，涉及身体发展和运动的学习也是如此。每个儿童都需要在潮湿的草地和干燥的草地上爬行。

户外游戏和学习提供了许多的自然元素，有助于儿童发现水、沙子、岩石、泥土、树木和花园的特性，同时也引发了开放性的挑战。加州的"食物花园"(Edible School Yard)提供了诸如节水和回收等内容的真实课程。它甚至还有一个花园，用来摘鲜花、摘叶子，儿童可以配制出自己的玫瑰花瓣香水和药液。这种持续进行的观察和探究过程更容易在户外实现和得到支持，因为季节和天气的变化明显，成人也愿意更灵活、更接纳儿童的愿望。为基于儿童真实兴趣的发展适宜性的学习，同时培养他们的责任感和自信心这提供了很好的机会。

五、身体的重要性

自出生开始，儿童就能根据自身的生理需求，在特定环境中运用身体功能。吉姆·格林曼(Jim Greenman)在《关怀空间，学习场所》(Caring Spaces, Learning Places)中关于婴儿和幼儿的身体素质谈道："他们的工作是开发和测试他们所有的身体'零件'。(1988)"儿童需要自由和一种真正的挑战感才能做到这一点，所以我们需要退后一步，学会放手，解放他们的双手，关注他们在身体、技能和信心方面的成长。

蒙台梭利也曾论及儿童对环境及其中作为资源的物体和成人的热爱。想想看，大多数婴儿是多么喜欢在成人的膝盖上弹跳。随着他们渐渐长大，他们在追逐打闹游戏、"音乐屁股蹲"、捉人游戏，以及在翻单杠中获得快乐。婴儿在探索宝物篮里令人兴奋的物品时所表现出的关注和入迷。跳舞、奔跑、家务、骑自行车和滑板车都有助于儿童整个身体的发展，同时也充满乐趣和愉悦。通过思考身体成熟过程的重要性，以及成人如何有效地支持，我们就可以提供适宜的户外冒险游戏，让儿童拥有足够的自由，运用风险—收益的方法积极地自己尝试。

来自神经生理心理学研究所的莎莉·戈达德·布莱斯(Sally Goddard Blythe)(2005，2011，2012)的大量研究表明，由于不协调、不平衡以及不成熟的运动技能，许多儿童在学校没有取得预期的成绩。鼓励儿童通过冒险和具有挑战性的身体游戏来发展他们的身体能力和信心，同时也可以促进认知、社会性和情感等诸多方面的发展。这些儿童在身体上感到满足和镇定；他们根据自己的意愿结识朋友，自然互动，成为自信的人。身体素质的增强应该自然地建立在儿童个体身体发展节奏之上，并且与他们的认知、社会性和情感学习联系在一起。任何一个发展出适当的身体技能水平的儿童，他们的自尊和坚持不懈的能力也会增强，幸福感也会得到培育。相反，一个正在吃力地发展，并在有效的运动和身体技能方面无法感到自信和有能力的儿童，会感到消极，不太愿意参与。随着每个儿童的成熟和发展，身体游戏也能让他们有机会合理安全地重温和练习运动及其他技能。

六、解决问题和合作学习

在儿童早期，需要有特定的机会和经验来发展他们的合作能力。然而，如果没有成人的支持，如果缺少一种促进风险、挑战和冒险的文化，无法为儿童提供真实的机会来合作、倾听和对话、协商、恰当地维护自己，让儿童学习在新的或不同的环境中表现良好，他们就无法获得发展。

图 4.1 发展粗大动作 无锡市锡山区爱尔实验幼儿园拍摄

众所周知，行为良好和有效思考之间存在着因果关系。室内（天气好的时候在户外）故事和小组活动会引发很多讨论和有价值的学习。儿童通过积木游戏、障碍训练、器械使用、球类游戏、彩虹伞游戏等学会尊重独特性和差异性，以及非常重要的发问的意愿。建造巢穴和创造令人兴奋的大型建筑是特别好的活动，儿童彼此合作，相互影响，他们把日常物品变成任何他们想要的东西。像玩雪之类的自然体验也提供了合作、提出问题、解决问题和综合性学习的绝佳机会。

早期儿童的学校和机构应该是一个"有问题"的地方，在那里儿童可以提出问题，同时会受到答案的启发提出新的问题。室内和户外应该被视为一个连续的学习环境，它本身就蕴藏着真正的问题，儿童根据各自的水平以一系列方式使用这些问题。这些方面的学习是修订后的《早期基础阶段法定框架》健康和运动课程的核心。

即使是最小的户外空间，同样也可能成为儿童学习、解决问题和合作的空间。为瓢虫创建一个家，并以瓢虫的口吻给儿童写信，这可以在小范围内发起和孕育广泛的学习，自然而然地支持儿童发展一系列精细动作和了解小动物。通过挖掘埋藏的宝藏，奔跑，用水管或水壶喷水和洒水，玩启发式和创造性的游戏，或者从室内带走一些可使用的资源来发挥泥巴厨房的潜力。通过与同伴一起体验来探究概念，比如翻开木头或石头寻找小昆虫，通过不时的谈话，或之后小组制作书籍，来增加强化经验学习机会。可以用照片和视频捕捉瞬间和感受，以便后续跟进，让儿童不受干扰地参与、思考和观看。如果你想对某些地方产生情感反应，这样做就格外有价值了。

木工活动：一个冒险且具有挑战性的合作学习案例研究

木工活动是一个很好的冒险活动例子，在室内和户外都可以进行。如果儿童想要安全地获得有效地和创造性地使用工具和木材所需的技能和理解，就需要专业的成人指导。这是一种可以发生在室内或户外的积极身体体验。这是很重要的，因为它为儿童提供了使用真实工具的机会，而这些工具附带风险因素。

皮特·摩尔豪斯（Pete Moorhouse）详细描述了坐落在布里斯托尔的菲尔顿大道幼儿园使用木材的过程。他强调，这是一个对儿童来说非常特别的活动，因为它能使儿童真正地长时间地参与，通常会超过一个小时。他认为儿童首先需要学习这些技能，并在真正使用工具的过程中产生一种责任感的萌芽。然后解决问题、推理以及运用相关的数学技能实现目标。通过使用新词汇的对话来扩展沟通和语言。同时创造性的表达与操作技能也一并得到增强。他强调，应对风险的首要任务是培训教师安全地使用木材，采用1∶3的师幼比标准。他还建议，在其他儿童渴望观看的时候，创建一个观赏区域。木工活动可以有助于发展儿童的生活技能，更是一种创造性的探究游戏。

七、儿童的健康

《早期基础阶段课程框架》认为，有效学习的重要性和终身性始于儿童早期。坚持和坚韧等品质是非常宝贵的，因此向儿童提供的机会和活动应该支持和拓展他们的内在动机，使他们充分投入激情和兴趣，也是合乎逻辑的。这是在室内无法有效或完全实现的。正如马乔里·奥弗里（Marjorie Ouvry，2005）所认为的，拥有在任何天气下进行户外玩耍的权利是非常重要的。她强调儿童尽可能多地享受户外时间，参与并与自然环境互动的重要性。她还解释说，莱夫斯等人（Laevers et al., 2005）研究了儿童参与和幸福之间的关系，儿童将在这种参与中获益。当儿童参与和聚焦在更深层次的兴趣水平或"心流"状态时，就会产生深度参与。这支持了儿童的情感健康和自尊，进一步推动了他们探索的愿望，并拓展了能力、生活技能以及与他人及社会的互动。成人认识到儿童的兴趣和参与程度，帮助儿童增加动机和自尊。这有助于减少儿童的紧张感，使他们对自己的身心感觉良好。

有些儿童喜欢在户外，感觉不那么压抑，而有些儿童则喜欢待在室内，有些儿童能够自然地适应和使用室内外环境，并产生很好的效果。许多流动儿童和一些难民儿童似乎更喜欢在户外，因为这是他们家庭生活经历的一部分，在这方面，他们熟悉并且有自主性。有些儿童在户外展现出更熟练的游戏和语言技能，但在室内却不怎么明显。许多不愿意在室内阅读或书写的儿童，当与一个感兴趣的区域建立联系并在户外运用时，他们会觉得更安全，比如车库角色扮演游戏。他们注意力持续的时间（因为他们的深度兴趣和安全感）通常可以拓展到深度参与，因为他们对活动有积极的动机，感兴趣，在这个空间里觉得愉悦轻松。还有一些儿童则更有想象力和自信，因为他们在更开放和更受自己掌控的环境中感觉更舒适。

图4.2 深度参与 苏州市高新区实验幼儿园拍摄

在户外以及利用环境对于幸福感、心理和身体健康等方面的重要性和价值现在已得到公认。随着社会的变化,"出去玩"的机会也减少了,这就使得儿童接触自然世界受到限制,对他们的健康和幸福感也产生了真正的威胁。由于土地紧张的压力,导致带有花园的住房减少,公园和学校操场也深受影响。诸如繁荣计划(Flourish Programme)、拯救儿童运动(Save Childhood Movement)和热爱户外游戏(Love Outdoor Play)、游戏英格兰(Play England)和成长学校(Growing Schools)等组织已经意识到,儿童获得合理的户外游戏的空间越发变少。由国家信托基金发起的森林学校(Forest School)和野外网络(The Wild Network)等倡议的核心是运用风险—效益的方法,即通过与日常简单而深入的互动,将屏幕时间转变为野外时间。

八、心理健康

通常我们认为,户外游戏对身体健康的影响比心理健康更大。儿童通过发展心理韧性来增进他们的情感健康。这对于人的一生都很重要,因为它与积极的自我形象、和谐以及内心的平静息息相关。一个儿童在生命早期就知道自己可以独立做事情,那么在今后的生活中,他更有可能认为自己是有能力的和有胜任力的。

心理健康基金会(The Mental Health Foundation, 1999:6)发现,以下措施有助于促进儿童的积极的心理健康:

- 学会享受独处,能够安静地生活,享受平和;
- 发起、发展和维持相互满意的个人人际关系;
- 游戏和学习;
- 解决问题,从挫折中学习。

对成人和儿童来说,学会在自己所处的群体中感到舒适变得越来越困难,但在户外更有可能提供更安静的空间和隐藏的洞穴,相对而言,可以让儿童独处。冒险游戏使儿童通过冒险、发挥主动性、处理冲突和结交朋友,从而变得具有"情感素养"。事实上,这会降低一些儿童在今后生活中出现精神状况的可能性。

通过冒险来学习的意识和价值已经开始被认可。2012年2月15日,伦敦《标准晚报》(Evening Standard)上报道的由青年基金会(Young Foundation)发起的一个项目，开始培训教师的韧性，因为儿童变得"太脆弱"了，不知道如何应对失败。这个项目利用风险、挑战与冒险来支持儿童和年轻人变得更加有韧性。当他们长大后将会获益，因为他们能更好地应对失败和逆境。

由于儿童大部分时间都在室内的人造环境中与购买的玩具和设备一起度过，特别是如果儿童与户外的接触十分有限，那么学习和发展的重要方面就会存在被忽视的危险。因为，在很大程度上，儿童应是自己去发现，而不是被教导。汤普森等人的研究证明（Thompson et al., 2008: 132），这种状况也会产生长期的影响，因为儿童远离自然世界，并且他们得到的信息的是，它是肮脏的、混乱的、危险的，那么儿童只会旁观，却从不希望自己去探究它。虽然室内可以是一个丰富的可供儿童学习的环境，但户外允许更多的探索。就丰富的学习机会和激发兴趣的潜力方面而言，在室内玩木制积木或塑料积木与在户外玩石头是无法相比的。积木是干净的、规则的，而石头下面可能会显现出蕴藏的各种兴奋点，提供巨大的学习可能性。这种多感官的机会鼓励了积极的心理倾向和依恋，这与儿童对"归属"和"成为"的基本需要建立了联系。每个儿童通过运用整个身体和思维，可以发展出一种强烈的个人认同感、对自然事物的欣赏态度，以及对大自然多样性的敬畏心和惊奇感。

九、身体健康

如今，许多儿童缺乏足够的体育活动。他们过着越来越久坐的生活，身体需求减少，摄入太多的糖和脂肪。这种生活方式导致了脂肪的堆积以及肥胖和糖尿病的问题。我们可以通过一种充满风险、挑战与冒险的文化来促进儿童身心发展。体育游戏的另一个重要好处是，通过奔跑、爬树和在户外进行各种探索，产生自然疲劳从而拥有更好的睡眠。

联合国《儿童权利公约》第24条强调，"儿童有权享有可达到的最高标准的健康"。比德尔（Biddle，1989）认为，越来越多的证据表明，儿童参与户外游戏的减少是肥胖增加的病因之一，冠心病、高血压、Ⅱ型糖尿病、压力、焦虑和抑郁等也越来越年轻化。因此，并不奇怪，超重的儿童未来会变成患有慢性疾病的肥胖成人。

在户外游戏可以奠定丰富的基础，以鼓励养成各种健康的习惯，这是一种最基本且重要的生活技能。我们希望培养对生活或不断变化的未来不恐惧的儿童，因此，教他们了解潜在的危险（无论多么小）是至关重要的。儿童的身体技能会变得更加熟练，并意识到自己能做什么，不能做什么。《早期基础阶段法定框架》希望儿童能够理解，饭前便后正确洗手是一项有用的技能。儿童也可以通过在抚摸宠物兔子或在泥巴厨房玩过之后洗手学到很多东西，用实例来说明良好的手部清洁的重要性，同时，培养这样的意识：虽然触摸宠物动物很有趣，泥巴也很好玩，但脏手用餐却不合理。儿童在户外活动，因为远离过热、不通气的空间，很大程度上会减少传染病的传播，从而增进身体健康。

2009 年 1 月，英国国家健康与临床卓越研究所（National Institute for Health and Care Excellence，简称 NICE）发布了关于促进学龄前儿童和较大儿童体育活动、积极游戏和运动的健康指南（NICE，2009）。该研究强调了体育活动对儿童的健康和福祉的重要性以及对身体、社会性、情感和心理发展的贡献。研究人员强调，通过增进家庭快乐、积极参与和胜任能力从内在激励儿童的重要性，因此需要保持儿童的身体活动水平，而不是去理解和遵守规则或掌握复杂的技能。游戏和其他自发的活动尤其应受到重视，因为"儿童和年轻人在参与身体活跃的游戏、运动和其他活动时需要冒险或挑战自己，这样他们就可以了解自己的极限"（2009：38）。

最后，该报告还提出了多种建议，例如：

- 需要收集有效而可靠的体育活动测量数据；
- 改善增加和维持儿童身体积极活动的旅行方式，如在公园和旧铁路线上骑家庭自行车旅行；
- 加强按年龄、文化、种族、残疾、地理区域等因素，在不同群体中增加和维持不同类型活动的方式；
- 关注促进或阻碍儿童积极活动的原因，特别是与家庭参与的关系。

当儿童进行冒险探索，迎接各种自我和成人选择的挑战时，他们在处理各种天气以及不同类型的鞋子、衣服和防晒霜方面变得更加信心十足。他们的大肌肉群和小肌肉群不断发展，更善于准确判断危险，从而减少事故和意外的发生。全面接触风险、挑战与冒险的机会增强了儿童的自信。作为一个群体，他们不那么"疯狂"，能够更长时间地集中注意力，因为他们专注于自我选择的挑战，从而全面扩展他们更深层次的学习和技能。运动自由让儿童有机会了解他们在空间中的位置，通过旋转、急转弯和弹跳的机会，发展高度、深度、重量和增长的直接经验。

此外，我们还需要认识到，家庭影响和社会化对发展儿童运动技能和身体素质的重要性。早期教育机构可以让家庭参与室内和户外的体育活动，以帮助儿童改善身体健康状况。这不仅包括户外游戏和比赛，还应鼓励他们穿长筒雨靴在雨中散步或在特殊工作坊等活动中步行、奔跑、跳跃、攀爬、跳舞或骑自行车。

十、与自然建立密切联系

长期以来，大自然游戏一直被认为对儿童很重要。儿童是自然之子，但在成年后却往往会失去这种联系。自然为儿童参与风险、挑战与冒险提供了场所，就像在芬兰的森林学校（Skogsmulle，森林之子穆勒）、瑞典的"阳光雨露保育园"所看到的那样。斯堪的纳维亚人的生活方式是围绕"户外生活"理念（friluftsliv）[①] 而建立的，这是一种与大自然根深蒂固的联结和文化期待。例如，这一点可以从一个坐着探索杉果、贝壳和光滑卵石的特征的婴儿以及一个享受森林学校经历的各种发现的儿童身上窥见。首先且最重要的是身体接触，但却会引发更高阶思维。儿童对大自然的爱和理解的平衡，对其未来的可持续性发展也举足轻重。

大量研究表明，儿童对大自然有着强烈的、与生俱来的敏感性，并且以不同的方式从中受益。格雷恩等人（Grahn et al., 1997）以及弗约托夫特和萨吉（Fjortoft & Sageie, 2000）的研究显示，在自然环境中游戏的儿童表现出更高水平的运动素质，包括协调、平衡和敏捷，而且他们生病更少（Grahn et al., 1997）。派尔（Pyle, 2002）指出，儿童置身自然环境中，可以提高他们的意识、推理和观察能力，从而有助于促进认知发展。卡恩和凯勒特（Kahn & Kellert, 2002）认为，在大自然中度过时光已经被证明可以减少压力，也有利于治疗许多健康不良状况。威尔斯和埃文斯（Wells & Evans, 2003）的研究表明，越多接触自然，好处就越多。

其他研究表明，与大自然的接触明显增强了儿童的好奇心和想象力的发展（Cobb, 1977; Louv, 1991; Wilson, 1997）。摩尔（Moore, 1996）向我们展示，在大自然中

---

① Friluftsliv，就是"户外生活"的理念。friluftsliv 由"自由""呼吸"和"生活"三个单词组成。这个词最初是由挪威著名剧作家亨里克·易卜生在 1859 年创造，易卜生第一次在他的诗《高地上》中使用了该词。诗中描述了一个人前往荒野冒险，寻求独处，以便理清思绪，为未来做打算——"friluftsliv for my thoughts"意在说明新鲜空气和大自然的宁静可以帮助人们保持思路清晰。数百年来它逐渐成了挪威文化的一部分，具有挪威特色。——译者注

游戏的儿童，如何在彼此之间产生更积极的感情。摩尔（Moore，1986）和比克斯勒等人（Bixler et al.，2002）的研究揭示了自然环境如何激发儿童之间的社会性互动。这项研究最近在苏格兰自然幼儿园（Scottish Nature Kindergartens）得到了印证（Warden，2010）。

在日本，大家公认花一些时间在森林里对健康有好处，他们用"shinrinyoku"这个词来表示，其字面意思是"森林浴"。其他国家也强调早期教育价值和目的的重要性，因为这涉及培养那些未来珍视和照顾我们世界的人，正如我们在冰岛、澳大利亚、丹麦和挪威所看到的那样。他们希望儿童有社会责任感、尊重环境，并通过课程来培养这些特质和技能。

自然儿童网络项目（Natural Childhood Network Project）展现了一幅新的图景，它提出在儿童12岁之前，抓住他们对户外活动的兴趣的重要性，以使他们视户外为一种积极的体验。人们日益强烈地希望将儿童与他们的世界和自然联系起来，以培养更会关心环境、更具环保意识的公民，成为我们未来经济和环境的守护者。出人意料的是，阿拉（Arla）的"儿童亲近自然"运动（"Kids Closer to Nature" campaign）（2012年全国学校合作伙伴关系）的实践发现，经济衰退对家庭更倾向于利用自然环境起到了推动作用，因为自然环境几乎或完全没有成本。他们还发现，70%的父母认为每天去公园、花园、绿地或海边的花费很少。

十一、支持每一个儿童

在儿童早期，全纳各不相同的儿童及家庭是一种巨大的力量，往往使儿童自己打破限制他们加入和真正参与游戏的恐惧和潜在的障碍。同样，风险—收益文化的理念似乎再次扩大了可能参与其中的儿童及家庭的范围。如果所有儿童都能真正地自己体验风险、挑战与冒险，那么价值观和行为准则在学校中就很重要，因为全纳需要承诺、合作和问题解决。

如果具有非常多样化背景的儿童聚集在一起，可以彼此学习，了解差异、相似性、角色、规则和责任，并成为全纳的发起者和拥护者。显然，这并不是一帆风顺的，因为一些儿童会表现出攻击性、骂人，并排挤其他不同的儿童。同样，他们也可以通过经验认识到，还有其他儿童会跟那些不太强壮、沟通能力不太强或身体运动不太好的儿童"交朋友"。这些儿童能成为模范的榜样以及对同伴负责的领导者。运用积极的行为策略，比如成人坚持捕捉儿童的优点而不批评他们的消极行为的哲学，为其优点喝彩，树立积极的形象。因此，相同的"伙伴"可以通过迅速而安静地宣称自己是积极的榜样，从而帮助减少社会排斥、攻击性和伤害。这种由儿童主导的全纳可以通过教授适当的解决冲突的技能、自信以及判断在什么时候寻求成人帮助进行干预来实现。伙伴之间也有一些自然的差异，因为有些人会发现不同的挑战，例如，抚摸一只宠物或生起一个他们不想要的火，而其他人则擅长默启通①手语（Makaton signing）或使用平衡木来帮助同伴获得信心。

残疾的、患病的或压力很大的儿童可能需要通过游戏和特定的活动得到同伴和成人额外的支持，以支持他们的个体需求。对于其中一些儿童来说，例如自闭症儿童，来自户外新的经验或不同物质表面的刺激，对他们其他方面的发展也会有所助益。有时户外可能更安静、更安宁，因为室内的噪音和低矮的天花板会干扰这些儿童的学习。如果你的学校或机构临近繁忙的道路、铁轨或飞机飞行航线，那么就需要考虑到语言发展困难和听力困难的儿童。

自然光给我们活力，并有助于集中注意力。想想蓝色是多么的宁静，绿色使人感到安全和关爱，棕色有一种温暖和亲切感。早期儿童花园既有充满活力的区域，也有宁静的区域，让儿童体验一种安宁和灵性，以及观察和学习而不直接参与游戏。一些儿童，比如自闭症患者，需要非常个性化的支持来发展他们对危险的理解，也需要被教导如何与其他儿童一起玩。在监督儿童第一次探访花园的同时，对花园进行仔细的风险评估，有助于你识别可能的危险区域，如高度、大门和材料。一旦经过仔细考量，风险评估就可以帮助你计划儿童需要的个性化教学、支持的领域及经验。

对于有特殊教育需要和残疾的儿童来说，他们独特而个别的需求更加重要，因为他们也将经历户外的风险、挑战与冒险。这些儿童可能会受到善意的照料者和家庭的"过度保护"。实际上，努力地"保护他们的安全"和限制他们的独特性和学习机会，反而束缚了他们进一步的学习。从直觉上看，许多家庭似乎认识到户外提供了一种合适的、具有挑战性的环境，可以拓展儿童的学习能力。

户外环境被认为是一个蕴藏机会和经验的地方，能产生许多意想不到的结果，可以为个体需求量体裁衣，而这一点在家庭中很难做到。尽管这可能意味着要适应活动

---

① "默启通"（Makaton）是一个支持语言的手势系统。——译者注

内容与经验，但户外的灵活性更适合不同经历、不同兴趣、不同能力的儿童。这反过来又会进一步增强风险、挑战与冒险的文化和理念的深度和价值。户外环境应为所有儿童提供以下机会：

- 发展和巩固与其学习和发展阶段相关的技能；
- 有权获得多种多样、广泛而平衡的课程；
- 培养他们的个人兴趣和动机，并使其需求得到满足。

残疾儿童也可能受到自身状况诸方面的限制，比如动机和行动能力，社交和表达自己的想法、兴趣和需求等方面。这些儿童需要循序渐进地获得适合他们的、可掌控的经验。下一个令人兴奋的机会应该是滋养和培育潜在能力，这可能从来没有机会展现出来。对每个儿童和家庭给予适宜的个别化关注，进行尊重性的商讨，建立信任关系，这将有助于携手消除潜在的障碍，使儿童可以在室内外的游戏中享受快乐并受益无穷。

案例研究

多年来，我们在切尔西露天幼儿园招收了各种有特殊需要和残疾的儿童。一些儿童是我们本园的，而另一些有严重残疾的儿童来自当地其他学校，包括切尔西儿童医院学校。我见证了户外环境在为这些儿童提供特殊的、独特的挑战方面所展现的独特"魔力"。这些严重残疾的儿童受益于生活在这个更平静和"可动手操作"的环境中，没有在医院环境中的压力和要求，让他们有机会成为真正的儿童。其他有身体需要的儿童从对不同表面和障碍的协商、接触和探索中受益。那些有沟通和语言障碍的儿童往往会在户外活动中受到激发，常常以唱歌作为开始，不断地发展语言能力。然而，一些自闭症儿童在户外空间有时相当有威胁，但是通过从业者的计划，可以逐步探索，一点一点地增加户外时间激发他们的特殊兴趣。慢慢地，随着时间的推移，他们开始真正地探索、玩耍和发现，与此同时，经过精细地观察和支持，进而可以增加不同的、更具挑战性的体验。必须仔细考虑每个儿童的机会和安全，但如果从业者抱有一种"可以做"的态度，并增强家庭的信任，总能找到一些方法。一般来说，从每个儿童能做的开始，以他们的个人兴趣为基础，扩展爬、滑、摇摆、隐藏、挖沙子，探索水和土壤、草或灌木丛，以及沿着隧道爬行等机会，这些都为不一样的儿童提供了不一样的挑战。

案例C，他穿着尿布，没有说话，用臀部移动着。他来自一个精通四种语言的专业人士家庭，是家里三个孩子中的老大。他患的是一种非常罕见的遗传疾病，有特殊的教育需求。他特别想跟同伴待在一起，因为他是一个不羞怯，善于交往的人。在进入幼儿园时，他会迅速去任何一扇花园的门里寻找他的朋友。一出去，他就借助低矮的墙壁和物体帮助自己站起来，然后慢慢地开始走路。他上厕所也需要训练，并作为首要的重点，以提高他的独立能力。他很快就掌握了这一能力，并成为一个非常棒的观察者和沟通者，能快速地利用手语和愉快的微笑来表达他的信息。当他准备上小学时，我问他今后最怀念什么，他用手势回应道："花园。"

对于更有能力、更有天赋和更有才能的儿童来说，这个花园是一个机会的天堂，可以用数千种方式扩展思维、技能、经验和理解。穿戴夹克和背包狩猎探险，制作天气报告和录像，绘制和讨论当地建筑，种植食虫植物，测量恐龙足迹，设计和制造木制长凳，这些都是许多在学习的某些方面拥有优势儿童的起点。

案例R，他很难安定下来，直到他对建筑的兴趣被发现。我们从深入研究建于1587年的学校建筑开始，通过照片、绘画、书籍来激发，然后我们进行一对一的探险，前往当地符合他兴趣的地方，包括教堂、餐厅，观看该地区的屋顶景观和艾伯特桥。他对我的一本关于教堂建筑的特别古老的小瓢虫故事书如获至宝，晚上把它小心翼翼地藏在枕头下！这引发了他的阅读和写作兴趣，他还绘制了大量的当地建筑，并在积木游戏和木工建造游戏中创作了自己的作品。

那些认为更有能力的儿童以及残疾、有特殊需要的儿童不太需要经历风险的看法，是很荒谬的。只有通过承担合理的、积极的风险，他们才会了解世界，以及学会如何融入世界。我们知道，儿童喜欢并从界限中获益，但他们都需要克服身体和心理上的挑战，在探究和自己做出选择以及与保持安全之间找到恰当的平衡，来体验"心流"强烈的兴奋感。对于所有儿童来说，花园和户外体验为真正的童年提供了丰富的基础，让他们能够有机会以不同的规模和方式体验事物。他们可以和不同的儿童一起玩耍，用不同的方式享受淋湿、弄脏带来的乐趣，这在室内是做不到的，无论室内有多么放松。他们对季节、天气和野生动物的变化会感到敬畏和惊奇。他们获得了大量的生活技能，也许会成为未来的工程师、艺术家、科学家、作家、园丁、护理人员等。

十二、性别

有研究证据表明，在幼儿园阶段，女孩倾向于有成人参与的活动，而男孩则容易被建构、攀爬和大肌肉运动技能等活动所吸引。

帕金（Parkin, 1997）和沃尔克丁（Walkerdine, 1996）的研究发现，男孩尤其有产生不满的风险，因为他们在教育话语中没有占据恰当的位置。有些人根本不参与，经常选择花更长的时间在户外进行高水平的体育活动，因为在女孩选择的过家家游戏情境中他们感到不自在。佩利（Payley, 1984）对课堂上的男孩和女孩进行了一项有趣的研究，她发现提供的课程更适合女孩，因为女孩更愿意处理与"工作"相关的活动，而男孩会逃避这些，偏爱积木游戏并常常玩与超级英雄联系在一起的充满想象力的角色扮演游戏。

耶基斯（Yerkes, 1982：4）对视动整合能力的研究表明，儿童在室内的学习行为与在户外有所不同，在户外，他们变得"惊人的自信和富有想象力"。赫特等人（Hutt et al., 1989）发现，男孩花在户外运动上的时间比女孩更多，女孩花在材料游戏上的时间更多。贝茨（Bates, 1996）发现，当室内的空间过于拥挤时，它对男孩和女孩会产生不同的影响，男孩变得更加有攻击性，容易形成小群体，而女孩更易独自玩耍，变得更加孤立。这些不同的研究应该与诺贝尔等人（Nobel et al., 2001）的研究放在一起整合起来考虑，审视性别、学习风格与教育体系的关系，当前的教育体系似乎更重视视觉型和听觉型，而不是男孩在早期更喜欢的运动风格。从这些研究中可见：

- 户外游戏以不同的方式影响儿童；
- 我们需要考虑室内外的视觉、听觉和运动学习风格的平衡；
- 有些儿童更喜欢在户外游戏，而有些则更喜欢在室内；
- 户外可以给每一个儿童的学习带来不同的景象；
- 在户外游戏很可能会让儿童有机会以不同的方式变得更自信、更有创造力和更有想象力；
- 过度拥挤的室内会对儿童的行为产生消极影响。

> **一个关于性别游戏的案例研究**
>
> 在切尔西露天幼儿园，很多男孩常常觉得在户外游戏更容易。他们被户外空间和身体的方便性所吸引。他们好像喜欢包括大型建构、攀爬、大肌肉运动等涉及空间技能的活动，喜欢球棒、球、自行车、梯子等器材，以及建造巢穴的材料等。这些似乎满足了他们对独立的渴望，对有明确目的的实际任务的渴望，以及后来语言和自尊的发展。
>
> 有些女孩更倾向于在"好天气"使用花园，有些女孩会尽可能地避开恶劣的天气。奇怪的是，她们通常被认为更谨慎，并从真正的在户外探索风险、挑战与冒险的机会中受益，因为她们需要运动、独立和提高自尊等方面的身体挑战，也需要发展和扩展她们解决问题的技能。她们特别喜欢童话故事《杰克与魔豆》①（Jack and the Beanstalk）里的挑战。我们对它进行了改编，创编出一个新故事，杰克的妹妹吉尔爬上他面前的豆茎，使得这群女孩子的花园更加"女孩友好"，因为这能够与她们的动机、兴趣和需求相适应。

户外游戏及其为儿童提供的风险、挑战与冒险，可以帮助男孩和女孩获得积极发展。男孩有机会在一个自然的、接纳他们兴趣的和支持他们需求的环境中发挥他们的优势，并支持他们的专注、参与和沟通能力的进一步发展。女孩可以以不同的方式获益，利用她们在语言、人际关系和协作方面的优势，增强自信和问题解决的技能，特别是在冒险、脏乱和拓展自己的界限等方面。

十三、总结

世界各地广泛的研究证实，风险、挑战与冒险对所有儿童都有很多的好处。户外活动不仅支持儿童的整体发展和健康，而且还给予他们信心和机会去探究和寻找进一步的动态体验，而这将支持他们应对今后生活中的许多转变。

---

① 《杰克与魔豆》是 2010 年由外语教学与研究出版社出版的童话书，作者是英国的希思，译者是李晶华。这本书主要讲述了杰克通过一头奶牛换的魔豆所种出的巨大的藤蔓爬到巨人国，利用智慧从巨人国得到财富的故事。——译者注

第五章　成人的角色

一、引言

本章主要谈论成人的具体角色。成人的角色是复杂的，涉及法律和专业责任，不过，这里主要关注的是通过风险和挑战来支持儿童的学习和发展。首先，本章探讨了成人的角色所需的品质，并强调成为一个良好的榜样对与儿童、家庭和同事建立相互信任氛围的重要性。其次，本章聚焦阐述促进高质量的户外游戏和学习所需的主要专业责任，以及教师如何为儿童提供涉及风险与挑战的核心经验和机会。

二、关键技能和品质

教师需要有一系列不同的技能、能力和专业理解才能有效地履行职责。其中包括：

- 专业技能，如满足英国《早期基础阶段法定框架》的教育、福利和保育要求，促进积极的自尊以及家庭沟通。这是完整角色的基础，对所有儿童的健康和进步至关重要，也有助于确保父母对你作为一个富有能力的教师树立信心。
- 组织技能，如设计和实施长期、中期和短期计划，提供可使用的标签存储，撰写清晰的观察记录和报告。这些关键性技能相当重要，因为它能使室内外活动组织切实有效地发挥惠及所有儿童的作用。
- 人际交往技能，如与儿童及其家庭建立尊重和信任的关系，以及启发和激励同事。人际关系和信任都是游戏、学习、高质量教学和参与的基础。

与这些技能相关联的是支持有冒险精神的教师的某些品质或特征。热衷于在他们的机构中发展风险、挑战与冒险的教师很可能会表现出以下重要品质。

1. 热情

热情可能是最重要的品质，因为它不仅包括教师"对儿童的热情"这一关键特质，还包括做出改变的内驱力，因此它并非是一个容易的或舒适的角色。这种强烈的愿望创造了真正的早期教育教师，他们最为重要的职责是为年幼的儿童获得通过风险、挑战与冒险进行学习的权利。

2. 韧性

韧性与"奉献"和"坚韧"有关，是关于你坚守对儿童权利、需求和教育的信念的能力，有时还需要克服与风险和挑战有关的官僚主义。它也与激情有关，这种激情里包含坚持、动力和决心，确保儿童在室内外所获得的体验都是最佳的。

3. 愿意承担风险

有时，我们需要改变现状，以促进儿童的户外游戏和学习。这就需要教师研究、思考和计划，以及与各方就风险、挑战与冒险作为每个儿童游戏的基本元素和基本需求进行沟通和协商。要做到这一点，教师也必须乐意并且准备好成为冒险者。

4. 妥协与务实

这两者是继韧性和愿意承担风险之后的主要品质。这些品质要求教师"积小胜为大胜"，逐步实现最终目标。作为团队的一员，教师需要协助和合作开展工作，有时，务实地做些妥协，允许具有挑战性的游戏和学习继续进行，即使不是以最理想的方式。

5. 耐心

耐心对于处理"系统"问题是一个非常重要的品质。如果你能够以一种相当平静的方式面对不理想的境况，管理自己面对挑战时的气愤、沮丧和恼怒，你就能理解儿童的这些感受，并包容同事和家人从不同层次理解你对风险和挑战的热情。

6. 灵活性

教师需要高度适应做一些出乎意料事情的儿童和成人，适应由于天气因素导致的不可预测的多变的环境，以及限制预算或不经商议就改变规则的官僚主义。最大化地利用好这一时机是一种能力，它能使教师最佳地处理非预期的情况，比如利用一只飞进室内的鸟而突然出现的巨大的学习可能性。

7. 尊重

尊重人们的各种观点和多样性特别重要，它可以推动儿童在机构/学校中获得丰富的经验，从而提高他们体验和冒险的质量。尊重是对背景、观点和想法欣赏和评价的综合，同时它也会渗透于室内外高质量的教育活动中。

8. 创造力

创造力是不可或缺的，因为教师也许没有理想的条件，资源也非常有限。如果教师能够以独创性的方式使用资源，去适应不同的学习特征是极其有益的。在一个团队中，教师经常忘记他们自身所蕴藏的技能。团队中的同事，如能真正合作，就可以富有创造力、想象力，彼此间或与儿童及其家庭互相激励，提供具有高度创造性的挑战和冒险。

9. 真诚

实际上,这是指真实地了解你自己和你所秉持的立场。儿童是察觉一个人性格的了不起的判断者,他们会很迅速地感觉到你是否真的不喜欢在户外。

10. 热爱学习

热爱学习是整个角色的基础。为了激励儿童、家长以及同事,一个爱冒险的教师必须展现自己作为一个终身学习者的努力。教师需要培养一种有活力的、开朗的态度。例如,即使你害怕蜘蛛,当一个儿童把它拿给你时,你仍然应该接纳和重视它,你可以不去真正触摸它,但不要流露出任何恐惧,然后通过书籍、互联网和观察其他小昆虫最大限度地支持和促进儿童的学习。

11. 毅力

毅力是指以一种高质量的、可持续的方式从事一项要求非常高的工作,无论是一天、一周还是一年。确保你在每天、每周和每年都精力充沛,这对儿童、同事以及你自己都是非常重要的。

12. 幽默感

最后,学习需要充满乐趣。当遇到一些有趣的事情,如果你能和儿童一起欢笑,即便笑话就出在你身上,那么,儿童会爱你,尊重你。

请注意,这些品质或特征确实与个人的理念有关,也许站在不同的立场就会有不同的解释,例如校长或家长。

海伦·比尔顿(Helen Bilton)在《早期儿童户外游戏》(2002,xi,105-6)一书中,强调教师对支持儿童在受管理和照护的环境中参与户外活动态度的重要性。她清晰地阐述了很多种品质。她将成人的角色描述为"拥有一双警觉的眼睛,观察、发现、预见问题，知道谁可能需要帮助，但同时给儿童一定程度的隐私"。这些个人的"触角"（antennae）赋予教师本能地对户外发生的一切了然于胸的本领，即使他们看不见或听不到。

三、关键职责

下面通过对照英国《早期基础阶段法定框架》中规定的职责，概述在教学方面对成人角色的核心要求。

1. 计划令人愉悦和具有挑战性的学习

英国《早期基础阶段法定框架》（Department for Education，2008）指出，"以儿童室内外自发的游戏为依据，提供精心计划的体验，是教师支持儿童学习和享受挑战的一个重要方式"，通过游戏儿童"可以冒风险，犯错误"。

修订后的英国《早期基础阶段法定框架》（2012.1.9）进一步发展了这一点，即"学习和发展的每个领域都必须通过有计划的、有目的的游戏，以及成人引导和儿童自发的活动来实施"。这种取向的基础就体现在"学习的特征"中，它支撑了为儿童提供的教学支持。英国《早期基础阶段法定框架》认为，"游戏对儿童的发展至关重要，在他们学习探索、思考问题和与他人建立联系的过程中树立信心。"英国《早期基础阶段法定框架》还强调教师计划和提供丰富愉悦的、冒险的和具有挑战性的游戏和学习活动的重要性。有效学习的特征加强了主要和特定学习领域，因为它们向教师和家庭清晰地阐明，儿童应该如何在他们的机构/学校中学习。

表 5.1 中使用的术语强化和充实了关于风险、挑战与冒险的许多重要信息。儿童与人及环境互动的方式尤其如此，例如游戏、探索和主动学习。每个儿童的独特性也很明显，比如：愿意尝试，有自己的想法，选择做事的方式。这些说法/特征似乎反映了本章前文提及的教师的诸多品质。那么，教师如何运用这些特征呢？

表 5.1　有效学习的特征

游戏和探索参与	**发现与探索** ● 表现出对事物、事件和人的好奇 ● 运用感官去探索周围的世界 ● 参与开放性的活动 ● 表现出特别的兴趣	
	在游戏中实践所知 ● 假装的事物源自儿童的经验 ● 在游戏中再现儿童的经验 ● 在儿童的游戏中扮演角色 ● 在与他人的合作中发展经验	
	愿意尝试 ● 发起活动 ● 寻求挑战 ● 表现出一种"我能"的态度 ● 敢于冒险，投入新的体验，在尝试和试误中学习	
主动学习动力	**参与与专注** ● 在一段时间内持续地专注于活动 ● 精力充沛，充满魅力 ● 集中注意力 ● 关注细节	
	不断尝试 ● 遇到挑战时，坚持进行活动 ● 相信多努力、多尝试就会成功 ● 越挫越勇	
	为目标的实现而欣喜 ● 对自己目标的达成感到满意 ● 为完成任务的过程，而不仅仅是最终的结果感到自豪 ● 享受挑战，而不是外在的奖励或表扬	
创造性和批判性思维	**有自己的想法** ● 会思考 ● 寻求解决问题的办法 ● 探寻做事的新方法	
	建立联系 ● 联系已有的经验，关注经验中的模式 ● 做出预测 ● 验证想法 ● 发展分组、排序、因果关系的思维	
	选择做事的方式 ● 制订计划，为如何完成任务、解决问题和达成目标做出决定 ● 检查活动的进展情况 ● 根据需要调整策略 ● 反思运用的方法是否有效	

教师利用他们对儿童的了解、儿童的兴趣和需要作为起点，通过整个课程的设置，提供、支持和扩展学习特征，以及相关领域，如社会性和情感发展、身体发展、认知发展等。这些特征与儿童发展的规律，以及儿童学习和自我调控的复杂性密切相关。因此，教师的角色尤为重要。在一个以主动学习为基础的环境中游戏和探究，应该为儿童提供最安全、最令人满足和最相关的体验。学习和发展的主要领域——个性、社会性和情感发展、身体发展、沟通和语言——也包括这些特征的最重要方面以及人际关系、身体和沟通等终身学习的方面。

2. 社会性和情感发展

对于儿童来说，一个良好的起点是提供广泛和平衡的室内和室内外体验，提供与他们兴趣相关的不同形式规模的第一手经验。此外，教师还应该与儿童互动，了解他们的兴趣，并为他们的学习和发展提供下一步的支持。要让一个儿童从缺乏信心沿着矮墙保持平衡，到把电线连接到电池和灯泡上，创建一个简单的电路，应对独立解决问题的挑战，就需要尽可能多样化的鼓励和帮助。在"学习区"（learning zones）内，广泛而开放性的体验将为儿童探索、获得信心提供安全的基础，并让他们在自己原有的水平上建立关系。随着儿童社会性和情感发展的萌发，诸如信任、友谊、主见、倾听和表达以及自信等能力的发展，儿童将从依赖教师的支持和鼓励学习，转变到自我管理学习，逐渐变得自主和独立。因此，教师和儿童的每一次互动，在探索如何成为一个社会人方面，都具有举足轻重的意义。这可能意味着教师需要通过共同建构和扮演想象游戏中的角色，或当儿童在解决冲突时采用退后观察的方式参与其中。这也可能意味着教师需要通过反馈儿童解决问题的过程来鹰架学习，以帮助他们看到下一步可以尝试什么，提示他们通过改变可用的资源来进一步开发利用它们的其他可能性。

3. 身体发展

身体游戏是儿童有内在心理动力自己做事时出现的第一种游戏类型。这种动力很重要，因为它帮助儿童成为成功的学习者，并能够进行自我调节。一旦儿童有了积极的自尊，感受到安全和被爱，他们就会愿意并乐于冒险和探索新挑战。同样，教师在促进儿童身体发展中的角色可能包括退后一步，相信儿童不用你提醒一句话就能安全地爬上树。教师的角色还包括通过一对一的教学进行演示，当一个儿童刚开始几次成功地使用钢锯时给予鼓励。就像每个儿童都是独特的一样，教师要判断什么时候该干预还是退后，需要具体情况具体分析。教师需要注意，自己的善意可能会破坏儿童的注意力，比如使用如"小心"等类似的提醒语言。

4. 沟通和语言

婴儿和幼儿生来就需要交流，与家人、朋友和教师的早期互动奠定了令人满意的关系基础。所有的儿童都能从户外交谈的拓展性机会中受益。动机也是户外的关键，因为儿童感兴趣的东西太多了，这会激发他们的沟通技巧。天气和季节的不断变化，以及户外的互动特性，唤醒了儿童的感官，激发了他们的交谈。通过敏感的观察和互动，教师可以了解儿童的兴趣，追随他们的想法，真正关注他们在做什么。户外通常是一个更舒适的场所，让儿童参与讨论，发展关于他们游戏的谈话和倾听技巧。各种各样的机会，更大的规模和物理空间，往往会让最腼腆的儿童在户外发出自己的声音，重拾自信，自由地探索音量和音高。在我们忙碌的生活中，户外的花园可能是一些儿童唯一可以体验到真正的平和与安宁的地方。诸如传声筒、管式电话、剪贴板和铅笔这样的体验可以通过富有想象力的游戏、寻宝和寻找小昆虫，以真实的理由进行交流和书写。为提高读写能力，用来阅读和研究的大量的虚构类和非虚构类书籍应该放置在易于取放的舒适干燥的角落或巢穴，同时提供装饰刷、水或大粉笔等丰富的痕迹创作资源；拥有与书写和录音资源有关的房间，以及一系列的舞蹈、音乐和想象性游戏等等。

教师通过开展种种活动，再加上精心的计划，提供资源，支持和扩展儿童的交往、语言和读写能力。

5. 创造性和批判性思维以及学习的具体领域

问题解决与高质量的教师干预和支持是一个交互作用的过程。儿童可以通过持续共享思维和参与各种认知挑战活动来发展更深层次的理解。教师的真正技能是拥有丰富的适应性强的教学活动和经验，可以根据每个儿童的具体情况灵活利用。这涉及课程的差异化，是为了适应不同儿童所需的挑战水平，并通过精准的提问和适宜的任务，在活动中进一步扩展。它还需要平衡儿童自发和成人发起活动的能力，以促进儿童学习大量的和相互关联的技能、知识和理解，这些技能是读写、数学、理解世界、表现艺术和设计等具体学习领域的基础。这是能够实现的，例如通过日常专业提供的故事阅读和道具支持，鼓励儿童集中注意力，理解和参与，然后在更小或更大规模的户外进行戏剧表演，以创造故事所涉及的环境和行为。这可能意味着需要实用的规定和说明，比如使用巨大的鸡蛋计时器来确保公平地获得宝贵的或有限的资源，如来参观动物或骑自行车。这也有助于从数学角度解释时间的流逝以及轮流，进而成为跨学科课程。也可以从参观画廊或博物馆开始，然后以开放性的方式使用黏土和其他原材料来制作肖像或面具，留给儿童非常广泛的创造性空间。

四、观察和记录儿童的学习与进步

1. 什么是观察？

观察、计划和评估的循环已经建立起来了，但重要的是要考虑这些术语的含义，以及加强它们和风险、挑战与冒险联系的原则。观察是正常的起点，是教师日常高质量实践的一部分。它关注的是儿童自我选择的活动和成人主导的活动中独特的儿童。好的观察应该能证明一个儿童能做什么，在哪里学习，以及为什么这两点对每一个儿童来说很重要。因此，观察需要进行分析，用以识别和评估成就，并决定儿童下一步的行动。父母的参与和儿童的贡献也很重要。

2. 为什么要观察？

教师需要通过运用各种类型的观察形成对每个儿童及其成就的完整而全面的形象，还需要对学前班[①]阶段的儿童进行一系列的观察，并对照《早期基础阶段法定框架》要

---

① 英国学校为4至5岁儿童开设的班级类型称为学前班。——译者注

求，进行总结性评估。不同类型的观察提供了不同种类的证据。它们可以通过一张照片、一个书写或绘画的样本、一段对话录音，或讲述一个构造、模型或作品的视频资料来支持。每一次观察都应该有助于教师更精准地为全体儿童和个体儿童制订计划。在制订计划方面，需要再考虑的是：

- 我们需要改变、扩展或发展什么来建立或挑战这个儿童在室内和户外的兴趣、需求、发展、技能、知识和理解？
- 我们如何确保这个儿童和其他人能在室内外具有挑战性的游戏中获得学习机会？

3. 观察的类型

- 参与性观察。这是指教师在观察儿童时，充分参与儿童的活动。
- 有计划的参与性观察。这些观察发生在成人主导的活动中，这一活动具有特定的学习意图。
- 群体观察。这种方法很有用，因为它为教师提供了机会去观察儿童在一个更大的群体中的参与、兴趣、注意力和反应的情况。
- 随机性观察。这是指你顺便注意到的行为，经常会快速地记录在便利贴上。
- 非正式对话。这种方法记录了语言自信的儿童和那些新学习英语或处于语言发展早期阶段的儿童的语言和沟通能力。
- 证据样本。样本是多种多样的，包括绘画，痕迹创作，前书写，艺术手工，建筑和模型，以及摄影和视频录制的游戏、音乐、运动和舞蹈。一般用户外数码相机进行拍摄并永久保存。

有计划的焦点观察方式是多样的。其中包括：

- 在自选游戏中，连续观察5分钟；
- 跟踪观察一段时间，以查看选择和模式；
- 针对某个具体学习区域的观察，要求教师查看不同群体对特定规则、资源以及游戏类型的运用情况。

五、使用评估与评价来调整计划和供给

收集了一系列的证据之后,教师需要考虑每个儿童的技能、知识、理解、倾向、态度和学习特征。这种评估,能使他们评价和调整核心供给(core provision),以帮助每个儿童在各自学习和发展水平上更进一步。看到了儿童在一段时间内的成就和进步后,教师需要将其总结为一份更正式的评估报告,然后反思他们的下一个发展领域应该是什么,以及需要推进的活动类型、经验和机会。这并不复杂,可以将教师团队每日和每周的评估结论汇总成更长期的目标和系统,然后作为计划(可能的发展路线)反馈到下一个阶段。这可能会引发特定的教学活动,新的、不同的机会和挑战,或在室内和户外环境中提供一对一的支持。例如,儿童在木板、梯子、平衡木和垫脚石上发展了保持平衡的身体技能和能力,他们很可能会得益于绕杆(weaving poles)这样的体验,因为这类体验会挑战他们以不同的程度或方式运用自己的身体。这也可能会促使该儿童设计和创造一个攀爬结构,从而进一步挑战自己。

1. 如何纳入计划?

富有经验的教师会利用计划提供一系列激发适宜发展的活动和核心经验,可以区分室内和户外所有儿童的独特兴趣和需要。例如,如果一个教师计划为几个对桥梁感兴趣的儿童进行探险,那么在返回时,教师可以利用有关不同桥梁的书籍和照片,来引发桥梁建造的经验,以便儿童进行小组讨论。这可能会引导儿童运用积木、板条箱和木板等资源共同建造一座桥梁,可以作为儿童下一步绘制桥梁设计的催化剂。

教师确定了这一阶段的整体学习目标。例如,在新生的引导阶段,教师会提供许多儿童在家里或以前的机构里熟悉的体验,从而让儿童感到舒适,因为他们要认识许多新的同伴和成人,并开始建立关系。然后,过一段时间团队会确认儿童需要进一步发展一组的特定技能或行为。这可以是一项实际的活动,比如在角色扮演区穿脱衣服和鞋子,或者更具体的教学,比如一边用铅笔画在户外发现的小昆虫,一边低头用放大镜看。在其他时间,计划可能会集中在一个节日或事件,一个访问者或特殊的体验,如参观农场或探访可以前往的当地社区。这种体验经常被用来增加丰富性和广泛性,以及逐步扩展和挑战核心供给和成人主导的活动。以中国新年为例,儿童在室内角色扮演区创建了一家餐厅,并用毛笔在图形区探究汉字。同时,在户外,他们正在

中国家长的带领下利用彩绸学习中国舞蹈，或聆听教师邀请的来访者分享他们的专业知识。

"课堂外学习"与"通过景观学习"两个组织合作，制作了一些有用的卡片，为教师提供沟通和语言以及读写的想法，还涉及理解世界及户外数学。这些都与实际的案例有关，并给出了实际的活动想法。这些想法包括参观一个与传统故事有关的剧院，使用自然材料进行发现式学习，创建一个市场摊位、小昆虫屋、冰雕、面塑和叶片计数。

2. 评价计划

如果要适应儿童每天、每周、每两周、每学期和每年的需要，就需要教师团队经常性地考虑计划。这就需要通过观察做出一些调整，为个体和群体儿童注入新想法。任何有关游戏和学习的评估差距或确定的调整也可以实施，以确保全面的课程覆盖。

"把握时机"的原则对于供给也很重要。随着儿童越来越早地接受正规教育，儿童的课程也朝着越来越结构化的趋势发展。然而，《早期基础阶段法定框架》（2012）[①] 仍然强调应立足高质量的游戏，而且在许多情况下，教师在游戏中承担的是非参与者的角色。在户外尤其如此，教师能够密切地观察，并在恰当的时机进行干预。当"可教的时刻"出现时，利用任何丰富的机会都是关键的。

一个非常寒冷的冬天，当一个儿童经过一个管道时，发现进入排水管的热水正冒着热气，他说："哦，看！它在冒烟。"就此，教师讨论了可能发生的事情，以及管道是否真的着火了，从而引发了大量的科学调查活动。

（见附录1中的计划实例）。

[①] 2006年，英国首次设定"早期基础阶段"（Early Years Foundation Stage，简称EYFS），旨在推动0—5岁保育与教育改革。2008年制定颁布《早期基础阶段法定框架：0—5岁儿童学习、发展和保育标准2008》（*Statutory Framework for the Early Years Foundation Stage 2008: Setting the standards for learning development and care for children from birth to five*）。2012年进行了修订，颁布《早期基础阶段法定框架：0—5岁儿童学习、发展和保育标准2012》，将六大学习与发展领域修改为3个主要领域和4个特定领域。此后又于2014年、2017年再次进行修订。——译者注

六、组织和利用资源创造学习机会

教师应该仔细考虑如何在区域内设计活动和创造机会,以便最大限度地发挥具有挑战性的、冒险性的游戏和学习的价值。这也许就像每天添加一个新资源或扩大建构游戏的机会一样简单,可以使用胶带或细绳而不是用松紧带作为连接来实现,从而使其更具挑战性。尽管存在天气的不可预测性和季节的变化性,但教师可以熟练地利用长期、中期和短期计划,并创造性地使用有效的资源和设备,为全年制订灵活的计划以及针对特定天气的一些活动。

虽然清单里列满了令人惊叹的资源,但理想情况是,实际的游戏区域/花园应该为高质量的游戏提供足够的催化剂,而不需要另外添加任何东西。然而,对于教师来说,如果事先收集一些核心资源会非常有用。提供晴雨盒、节日和庆祝箱,以及车库、城堡、花园中心、市场摊位、建筑工地和冰激凌摊等角色扮演箱,这些都为拓展儿童的学习提供了多样的相关资源。对于农场、太空站和玩偶屋等小角色扮演也是如此。例如,设置空间来创建自行车洗车场,以提高大肌肉和精细动作运动技能以及协调能力;或使用巨大蛋形计时器,把自行车当作马,进行赛马,既有趣,又能促进身体挑战和数学能力的发展。当在户外创建车库时,使用大积木搭建框架,用剪贴板、笔、螺母、螺栓、硬纸板来制作车牌照,汽车使用手册、工具、轮胎、桶和海绵以及自行车洗车场会吸引很多儿童,让他们以各种方式进行设计、建造、合作、扮演工程师、书写、记录和交流。教师可以谨慎地确定特定的学习意图,并在活动中发掘个体所需的技能和学习意向。

七、为儿童提供与其年龄和发展阶段相适宜的经验

自由心流游戏被认为是儿童根据其年龄和个人发展阶段自然发展的一种方式。通过让儿童在室内和户外自己选择游戏环境,教师可以了解儿童眼中最快乐的地方以及真正激励他们的是什么。自由心流游戏可以让儿童选择玩什么和决定怎么玩。它是开放性的,使儿童有一种自主意识,并有自己做决定的机会。教师进行仔细和敏感的干预,在适当的时刻可以给予特定的支持和鼓励,以激发儿童进一步开展或拓展他们的游戏。通过教师在计划审议会议上的讨论,这些线索被进一步细化为挑战一对一、小组和全体的活动与经验。这为儿童自己选择的学习模块之间提供了一种教学黏合剂

(pedagogical mortar)。

儿童和成人发起的活动和经验像一个绵延不断的、相互交错的织锦，引发进一步的自由心流活动和成人主导的活动。在这个过程中，另一个不可预测的因素是户外的天气，即使不添加任何附加的资源，它也可以作为游戏和学习的催化剂。四季变迁、时光流转的印迹都绣在这幅织锦上。儿童在游戏中会利用自己的观察和生活经验，所以一个来自天气差异非常大的国家的儿童或一个记得上次下雪的儿童会表现出独特的反应。教师可以反思这些重要的经历和每个儿童自己选择的自由心流游戏。一名儿童也许迫切想外出，而另一名儿童则可能相反。正如蒂娜·布鲁斯（Tina Bruce）在她的著作《幼儿教育中的游戏时间》（*Time to Play in Early Education*，1991）中"游戏的十二个特征"部分所指出的，儿童不能"被游戏"，他们的游戏议程可以共享，也可以不共享。如果教师试图让他们进入故事或餐点时间，但他们可能依然沉浸在原来活动中，很难离开他们的深度学习。

教师的作用是确保自由心流游戏的自由和独特，使每个儿童都能以自己的发展节奏进步。它有助于儿童学会选择，发展掌控和处理选择的后果的能力，并鼓励他们更灵活和开放地使用学校/机构的资源。然而，就像所有真正的自由一样，这需要教师付出很大的努力。正如邓金（Dunkin）和汉娜（Hanna）（2001）在"共同思考"（Thinking Together）的研究中所示，自由心流游戏中教师的角色是复杂多样的。其中包括：作为以新想法或新策略为脚手架来维持和拓展游戏的组织者；模仿儿童可能扮演角色的共同学习者/探索者；跟随儿童的游戏伙伴；对儿童全神贯注，经常担当征询儿童的想法和行动及转述语言的倾听者/解读者；通过引导式互动建立儿童的兴趣或优势的计划者。

教师和儿童都可以发起游戏。成人主导的活动不是"游戏"，但他们可以激发进一步的游戏并发展它。教师的作用是帮助儿童发展高质量的自由心流游戏。这可以通过以下方式来实现：

- 教师通过精心组织资源来间接地创设室内外的环境，供儿童使用。
- 精心选择成人介入的时机，从而间接地安排活动时间。
- 有必要在适当的情况下参与儿童自主选择的游戏，因为游戏可能涉及道德、伦理、价值观和权利，有时儿童发展积极的关系、态度和公正行为需要得到成人的支持。

1. 增强独立的重要性

儿童具备生活能力是十分重要的。成人要鼓励儿童在人生早期就学会独立。教师在支持每个儿童的独立能力发展方面起着至关重要的作用。如果你为儿童包揽了一切，他们就不会去学习，因为他们认为你做得更好，所以没有必要自己去尝试。入园后，儿童像稻草人一样，等着善意的父母和照护者帮他们穿脱外套，直到有一天教师温和地指出，他们必须自己尝试做，因为这是他们的学习方式。如果教师替儿童做了所有的事情，而不是通过适宜的鼓励、支持和教学，这种"习得性无助"可能成为整个机构/学校的常态。德威克关于"掌握学习"的研究以及伍德（Dweck & Wood, 1988）的理论认为，儿童是带着想法尝试的"新手"，"尝试"扮演"专家"——成人的角色，这与鼓励儿童学习的方式非常吻合，通常他们最终会让父母认识到他们具有不断增长的技能和独立性。当儿童作为科学家时，你会看到他们穿着白色的实验室外套（他们独立穿上这些外套），显而易见，他们在认真地对待这些角色，在实验中盯着显微镜，使用放大镜或磁铁。

独立的儿童对自己的学习和行为以及发展安全型自尊承担着更大的责任。他们对自己的能力引以为豪，并能够更好地为自己的小组、学校、家庭和社区做出贡献。修订后的早期基础教育课程中强调了这种创造性和批判性思维能力以及主动学习。这种独立性与有效教学相结合，促进了终身学习。为增强儿童的思维能力，教师需要给予他们以下支持：

- 资源存放在适合的存储设备中，易于取放，并通过数码照片清晰标记便于识别。
- 通过户外游戏制度而达成的对儿童的一致期望，以及一些儿童可以在他们的行为、人际关系、游戏中学习和执行的积极规则。
- 提出开放性的问题，比如："我们需要什么来帮助我们学习……？""我们能去哪里……？"或者最重要的是"我想知道……？"。
- 通过完成任务和扮演角色模型，鼓励儿童自助和相互支持。
- 适合个别儿童及其发展水平的任务和特定的活动，例如："你能为格鲁法罗建一个巢穴吗？""你能让泰迪在雨中不被淋湿吗？"
- 通过传递信息、照顾宠物和植物等方式，赋予儿童真正的责任。

- 给儿童所需的空间来练习、发展技能和能力,以确保活动之间不会相互干扰。例如,在手指或裸露脚趾可能受伤的区域不用自行车,或书籍不能太靠近水。
- 不要不假思索地主动为他们解决问题,而是让他们在请求成人介入之前,尝试坚持、努力、配合和合作。可以使用"你问过那些擅长把这些物品连接在一起的小朋友吗?"或者"也许你需要在室内图形区域里查看……"等支持性的语言。
- 支持父母在家里以一种无威胁的方式培养儿童的自主能力,例如要让儿童自助,而不要因为包办代替更容易、更快,代替他们做事情。

2. 介入并拓展学习

虽然自由心流游戏是由儿童主导的自然学习过程,但是教师的互动,可以促进儿童个体与小组的思维和学习。可以这样培育和发展儿童的思维技能:

- 给儿童时间和空间来实验他们在自由心流游戏中所获的知识和技能。比如,让他们自己和面团,而不事先准备。
- 帮助儿童自己发现事物,把错误视为他们学习过程中非常自然的一部分,不要害怕犯错。
- 在适当的时间和地点支持每个儿童认识和整合新知识和新技能。例如,教他们从不同的高度跳跃时怎样落地和翻滚。
- 积极支持他们应对诸如跌倒、淋湿等不幸的遭遇,以及如何从这种消极的经历中恢复过来。
- 与他们一起检验理论,在尝试新想法时提出观点和假设。例如,使用原色进行彩色颜料混合来调制其他颜色。
- 提供支持儿童独立学习所需的资源。例如,用废旧物品来制作角色扮演道具。
- 确保儿童从更有经验的同伴、来访者和特殊经历者(例如,一个演奏乐器的音乐家)那里,寻找思考和独立学习的榜样。
- 使用思考和学习的词汇,例如,用你的眼睛、耳朵、声音、大脑来学习……
- 仔细、耐心地倾听儿童的想法,因为他们在为意义和理解而努力,不要曲解他们。
- 开放式提问,并敏锐地接受创新的回答。

- 示范正确而安全地使用工具，如木工锯和固定木头的老虎钳。或者请别的儿童、成人帮忙运一块又大又重的地毯。
- 通过使用诸如"我喜欢你帮助约翰移动××的方法"等语言，赞扬和珍视儿童的努力、建议、尝试、失败和成功。
- 引导他们经历思考的过程，帮助他们拓展集中注意力和坚持不懈的能力，即使遇到了问题，比如，对一个单词不确定时，如何使用词典等特定资源。
- 亲身示范坚韧、体贴和愿意倾听他人的想法和建议，即使犯了错误也可以从中学习，成为一个乐于学习新事物的有创造性的成人。

（上述观点改编自 Clarke，2007）

3. 户外的持续共享思维、提问以及问题解决

研究者使用"持续共享思维"来描述最佳地支持和扩展儿童学习的互动类型。持续共享思维的正式定义是："当两个或两个以上的个体以一种智力方式共同解决一个问题，澄清概念或评估活动……双方都必须对思维有所贡献，必须发展和扩展思维。"(Sylva et al.，2004：6)

"有效学前教育项目"报告（1997—2003）（Effective Provision of Pre-School Education 1997－2003，以下简称 EPPE）追踪调查了 3 000 多名 3—4 岁儿童的受教育状况，并与他们的父母和学前教育机构就如下主题进行了交流：

- 机构的教师为儿童提供有效的指导性学习环境，并使用持续共享思维来扩展儿童的学习，尽其所能地支持他们的学习。
- 思维能力得到教师培养和支持的儿童比独自发展的儿童表现更好。

EPPE 的报告通过强调以下策略的重要性来促进提问和思维能力的发展：

- 教师的"演示"通常与持续共享思维是相结合的，教师使用口头评论，通过"自言自语"的方式来支持感兴趣的儿童进行活动演示，明确表达内容，帮助儿童扩展词汇量，让儿童意识到他们学了什么，例如"如果我把这个放在积木上面，它会平衡，还是会……"。
- 开放式提问也有助于儿童获得更好的学习结果。教师通过和儿童一起分享观点，

思考发生了什么，交换想法，一起解决问题，从而加深儿童对世界的理解。
- 儿童主导和成人主导的活动的平衡与由谁发起活动是相同的，特别是当教师加入儿童游戏，运用幽默、有趣的方式显示尊重，同时也会增进成人和儿童之间的关系。
- 教师介入和扩展儿童发起的活动的方式是相当重要的，通过提出建议来把握一项活动的范围和方向。通过提问，教师可以帮助儿童推进和延伸活动，帮助他们与其他学习领域建立联系，并鼓励他们创造自己的挑战。这被称为脚手架。

这些方法有助于增强儿童成为一名学习者的信心，鼓励他们投入自己的学习。例如，在拆解的过程中，一名儿童花了一上午的时间沉浸于拆卸扩音器，他会向教师提出"我怎么才能看到这个盒子里面？""我拆不开它，你能帮助我吗？"以及"这些是做什么的？"等问题。

通过逐步将责任转化为成功，教师使儿童发展自己的独立性。这种方式也可以在室内外工作坊区域运用，以便儿童可以自己寻找材料，掌控自己的学习。一旦他们学习并练习了这些技能，他们就可以独立处理更具挑战性的活动，包括人际关系问题，如应对挫折和愤怒，以及学习通过对话解决冲突和处理他人的愤怒。

八、提供高质量的互动

一个充满活力的户外学习环境对发展儿童的沟通、语言、思维、社会性和情感以及独立自助技能都很重要。室内外区域提供了丰富的调查、探究、与其他儿童和成人的互动机会。正如范伯格和门德斯（Feinberg & Minders，1994）所强调的，教师会敏感地处理儿童的游戏和人际关系，特别是在儿童接纳相似和差异建立友谊，以及难以应对自己的情感和挫折的时候。教师可以采用多种方式与儿童交谈，但当儿童信任成人，理解成人对他们及他们要说的话真正感兴趣时，他们更有可能主动发起并做出回应。如果儿童知道教师不会接管他们的游戏，不会根据成人的意图而调整活动，他们也会更加更有可能投入其中。教师可以通过陪伴儿童一起游戏并就行为和经历进行评论来支持儿童之间的谈话和互动。卢卡斯和克拉克斯顿（Lucas & Claxton，2010：115）明确地描述了通过社会学习和集体智慧，培育和增强儿童思维的重要性，以使他们更多地了解世界是如何在学习者社区中运作的。最丰富的对话通常发生在巢穴、帐篷和类似"巢穴"一样可以躲藏的洞里。在这些"荒野之地",儿童可以和一两个好朋友躲在一起,他们觉得不会被别人看见,可以摆脱成人的束缚。儿童之间谈论关于他们游戏议程时的互动,为教师提供了进一步了解他们的机会,并由此思考如何通过不同规模的社会戏剧表演故事和传统故事来拓展他们的学习。研究还证实,第一语言不是英语的儿童更有可能在户外交谈,而非室内。在一个种植着生长缓慢的针叶树和放置了小岩石的水槽花园中使用小角色扮演人物,可以覆盖英国《早期基础阶段法定框架》课程的许多主要和特定领域,并支持特定的学习特征和社会性-情感发展。

1. 一个高质量互动的案例

一位真正的登山者来访,他带来了所有的特殊服装和装备,并展示了登山的冒险视频。两个女孩正在水槽花园玩小角色扮演游戏。拉比亚和海蒂在水槽花园里用几个小人偶玩。她们一直沉浸在自己创编的游戏中,尽管其中一个儿童说英语不够自信,但她们在一起还是玩得很高兴。

海蒂说:"两名登山者在山顶,还有一名在山脚的营地等候。"她把他们放在最高的岩石上,表达了恰切的方位语言、数字理解和一些大小概念。她指着山脚的那个人继续说:"他们在黑暗的圣诞树林中走了很长的一段路,这个人太累了。"她小心地移动和操控小人偶,并展示她对山脉和森林的知识。

与此同时,拉比亚更平静但饶有兴趣地参与其中。教师已经观察了她们几分钟,并注意到拉比亚把另一个小人偶放在一块很小的石头下,轻轻地说:"他的房子。"教师说:"我想知道这些山地探险者是否全都在一起。也许有一个人迷路了?他怎样才能找到他的伙伴?"拉比亚对教师的介入报以微笑,冲到室内图形区域。几分钟后,她拿着一张纸回来了,指着更小的石头,高兴地说:"他没有迷路,他在帐篷里!"教师笑着回答说:"太棒了!他怎样才能找到他的伙伴?"拉比亚给了她一张纸,上面有几个清晰的形状,代表岩石和石头,它们之间还有一系列的圆点。拉比亚说:"我的地图可以帮助他们!"教师很好奇地想知道拉比亚是怎么理解地图的作用的,于是问了她。拉比亚回答说:"我爸爸。"海蒂听了谈话,问:"拉比亚,我的探险家能用你的地图安全下山吗?"拉比亚点头表示同意,她们一起带领剩下的登山者下到山脚。

2. 知道什么时机介入

教师与儿童的合作和介入可以引发多种可能的经验。挑战在于什么时机介入才可以提高游戏和学习的质量。所有的儿童都需要有时间来探索和拓展他们的游戏和学习，也需要有机会多次重温和练习。每次儿童重复某些事情时，他们往往会使用不同的资源，与不同的同伴玩，或根据他们以前的经验基础调整想法。他们还以不同的、越来越复杂的方式安排资源。他们谈论并合作玩游戏，有更多的参与和对细节的关注。有时也会出现冲突，这可能与共享资源或不当行为有关。（当孩子们学习如何通过说明理由和使用短语"停！我不喜欢，因为……"时，如果身边有个敏感的成人相伴，他们会做得很好）这使他们得以掌控自己的游戏，决定谁参与以及何时结束。每个儿童的学习和发展都是独特的，因此也需要教师运用类似的个别化的方式。

介入是一种微妙而直觉的能力，需要高质量的观察和深思熟虑的语言。"可教的时刻"可能是稍纵即逝的，但对于有效的介入和建立高质量教育却至关重要。因此，为了探索可能性，教师可以使用多种方法：对儿童的游戏和学习进行评论；鼓励儿童描述、解释和有序组织他们的想法；创设情境、问题和挑战，让他们探究、解释、假设；谈论问题，鼓励思考；让他们自己做决策和承担实际任务，如整理，以及让他们参与调整计划，特别是在户外，因为他们的想法可能会改变生活。

虽然教师确实需要通过参与儿童的游戏给予支持，但儿童自己也经常表现出直言不讳的诚实，告诉你什么时候离开。因此，教师需要仔细倾听并反思自己为什么要加入，如何安排时间、空间和资源，自己的介入如何提高学习的质量。

九、与父母、家庭成员和其他专业人士密切合作应对风险和挑战

教师通过与家庭建立紧密的关系进行合作。这从第一次见面就开始了，特别是在儿童刚进入一个机构或学校的适应期。在这一时期，父母/照护者分享自己对儿童的了解和儿童的兴趣、需求、好恶，以及有关家庭结构、医疗信息和联系方式等多种信息。当家庭成员第一次到来时，你应该考虑与他们分享你的价值观和理念，这样他们才能意识到户外游戏和学习的价值及重要性。虽然没有时间深入了解，但重要的是，父母

对大部分内容会感到舒适，这些内容与他们作为称职的和有关爱之心的父母对孩子的期待是一致的。令人遗憾的是，风险、挑战与冒险并不适合所有人。一些机构/学校会从一次家访开始，观察和了解儿童在熟悉的环境中的状态，也有的会到以前的机构去了解。这是一个持续的过程，在理想情况下，也是一个信息共享的双向互惠过程。它的成功取决于教师的专业敏感性，即尊重儿童的父母，并尽可能地遵循他们的合理想法。刚开始时，父母/照护者仍然有可能在现场，通过提供更多的关于儿童为何以及怎样游戏和学习的背景知识来增加和扩展教师对儿童的了解。这意味着，如果教师知道一个儿童喜欢玩具娃娃，那么他们就会尽力确保在室内的娃娃家或户外的婴儿车和小汽车里有玩具娃娃，这样儿童从一开始就有一些熟悉的玩具。然后，可以通过玩偶屋或车库里的小角色扮演人物进行拓展，将游戏拓展到另外一个规模，让儿童学会与同伴分享。

最根本的是，教师必须竭力与父母合作，以便对儿童的发展和学习产生积极的影响。支持这一点的基础是，在热诚的气氛中进行良好的双向沟通，尊重家庭的多样性和特殊性，形成一种共同了解儿童及其进步的文化，最终通过共同付出，进一步促进儿童发展。这种牢固的信任关系应该延续到儿童进入学前班乃至更长远的未来。

由于特殊需要、不同的语言和在某些情况下的儿童保护问题，一些儿童及其家庭需要更强的敏感性和专业支持。在这种情况下，来自机构外的其他教师和专业人员也将参与其中，他们的观点、知识和报告都需要仔细考量。通常与这些较复杂的家庭建立关系需要更长的时间，不过一旦关系建立，就会对支撑儿童的发展和进步产生非常重要的影响。小步递进一般是教师赢得父母的信赖，并展现携手工作的新想法，使儿童受益的一种方式。有特殊需要的儿童个体可能需要用更多的时间来应对。教师每天与儿童的家庭进行密切沟通，或面对面，或通过家园联系簿的方式，来了解儿童在做什么。来自不同语言背景的儿童和家庭可能需要翻译人员的支持。对于难民和寻求庇护者来说，需要外部专家的建议。虽然儿童发展是有规律可循的，但一个特定儿童有尚未被诊断出的独特需求。这可能需要教师具有极强的专业精神，也可能需要让父母同意接受来自教育心理学家、社会工作者等外部专业力量的帮助。

有时，由于监禁、虐待、离婚、分居或丧亲等复杂的原因，父母可能不愿意提供信息。这种情况就要求教师非常细致的同时，努力确定儿童的需要，以确保他们的安全，并提供最适宜的保育和教育。

十、通过平等的机会和反歧视的实践促进全纳

户外为儿童提供了丰富的基础,让他们有机会以不同于室内的规模和方式体验事物。儿童可以采用不同的方式与不同的同伴一起游戏,享受淋湿、弄脏等不同的乐趣,而这在室内是不可能实现的。他们对季节、天气和野生动物的变化感到敬畏和惊奇。他们发展了大量的生活技能,这将开创未来生活的机会。这是所有儿童都享有的一项权利。

教师需要审慎地考虑平等、多样性和挑战,以保障儿童在室内和户外都可以感受到包容而多样的文化、性别平等、环境设计得体贴周到。儿童从观察中学到了很多东西。如果我们只为他们提供英语娃娃家资源,来自其他背景的儿童可能会认为他们自己的家庭具有较少或不同的价值,会觉得格格不入。尤其是难民儿童,也许需要看到熟悉的家庭物品来帮助他们应对压力和创伤。在户外搭一个帐篷或一个大篷车对所有人都很有启发意义,也是重视流动家庭的一种方式。当然,这样的游戏同时也可以为其他不太熟悉这些资源的儿童创造新的学习机会。

1. 性别与冒险、风险及挑战

虽然第四章我们对性别这一话题进行了充分的探讨,但平等的重要性已被证明会对男孩的游戏行为产生影响,特别是在教师不干预时。戴维斯(Davies,1991)研究发现,男孩比女孩要花更长的时间来适应幼儿园以及形成依恋关系。由于教师没有在男孩喜欢的游戏方面花那么多时间,因此,培养男孩积极的态度以及与他们一起学习的机会更少。性别研究是一个充满争议和刻板印象的领域,但研究表明,男孩尤其有产生不满情绪的风险,因为他们经常选择花更多的时间在户外进行高水平的体育活动。然而,正如海伦·比尔顿(Helen Bilton)指出的,非刻板印象的游戏应该全纳所有的儿童,并提供示范,促进所有积极的挑战。

2. 男孩和女孩的不同需求

我们知道,从出生开始,性别差异就从不同的社会化经历中逐渐变得明显,而这一点很难清晰地梳理出来。比如,我们被告知,新生男婴的体重比女婴重,而且身长

也稍微长一点。男婴也被认为哭得更多，而且往往更难满足。通常女婴对人类的声音的反应更敏感。人们认为这也是她们说话更早的原因。因为女孩们的大脑和中枢神经系统发育更迅速，她们通常在更早的年龄就能控制膀胱和肠道。女孩往往比男孩更善于交往，但她们的人际关系也更加情绪化。男孩们更喧闹、更外向、更有竞争意识，但也更容易出现语言和行为问题。这是因为大脑皮层在记忆、注意力、语言和运动协调的发展中很重要，而女孩在这些方面相对发育得更快一些。因此，在学校里，女孩比男孩更早学会读写，更能有效地使用语言，在学业上表现更好。这些差异一般会在青春期前逐渐消失。男孩通常更擅长使用右脑，因此往往更长于执行拼图游戏和球类游戏等空间任务，而且在探索中胆子比较大，但毫无疑问，这也受到了社会化的影响。因此，我们需要在室内、户外计划与男孩和女孩都相关的活动，帮助他们建立信心和自尊，并给予激励。

有证据表明，在幼儿园阶段，女孩倾向于对有成人参与的活动感兴趣，而男孩则往往被建构、攀爬和大肌肉运动等活动所吸引。作为一种由女性主导的职业，我们必须非常了解自己的社会化，以及我们如何"看待"女孩和男孩。我们需要仔细反思如何为所有的孩子组织游戏活动，因为我们都是独一无二的，有着不同的社会规范和社会期望。源自我们自己社会化的个人偏好不应干扰我们对男孩和女孩的兴趣和需求的关注，而是要最大化地发挥他们的真正潜力。

3. 个体的和独特的需求

有些儿童个体有非常独特的学习需求。一些儿童享有法律赋予的权利，他们因为残疾、医疗或特殊需要，离不开专业人员的帮助或特定资源的支持。这些儿童有特殊的计划档案，教师与儿童的父母和其他专业人员讨论、研制和分享，以确保他们通过个体化的途径获得丰富且平衡的早期教育课程。正是有了经过成人仔细考虑的挑战和刺激的体验，有个体需要的儿童才能真正获得成功。户外运动能力的发展特别有利于他们在学习领域的进展，例如行走、跑步、跳跃、攀爬，以及非位移性动作技能，如弯曲、伸展、滚动、停止、平衡。他们的操作技能和协调能力也受益于大量的组合，例如投掷：高、低投掷；硬、软物品的投掷；站、跑时投掷；向前、侧向、向后投掷；投掷和弹回等。对这些经验的计划可以来自自由心流游戏和特定的成人引导的活动，从而帮助独特的个体培养各项技能。

其他的儿童会在学习的某些方面表现出特殊的能力、技能和天赋。这些有能力、有天赋和有才能的儿童也需要个性化的计划和支持，这样他们就不会感到无聊或沮丧。如果一名儿童在特定的专长领域感到非常轻松，他们可能不会渴望进一步的拓展和突破，因此，需要个别化的支持，让他们获得各种可能的学习机会。

教师必须首先考虑儿童，其次考虑他们的需要或残疾状况。通过观察他们当前的能力和兴趣，教师更容易为他们提供最具支持性的关系、介入和脚手架，实现自由心流游戏和成人引导的活动之间最佳的平衡。

十一、总结

教师的角色和他们在人际关系、教学和实践中的专业技能，支持并促进了每个儿童的进步，增强了父母对孩子的积极信念。合理使用观察、评估、计划和评价加强了儿童与人们及环境接触方式的多样化。一旦建立了积极的关系和丰富的经验来培养学习品质，学习的主要领域就会活跃地发展，并将促进特定领域的诸多技能、知识和理解的发展。

第六章 环境

早期教育机构中儿童的环境包括室内和户外,而当地的环境可作为户外第三个课堂,因为它可以发挥独特的价值成为一名"教师",为儿童提供经验,解放教师,让教师深入观察儿童,高质量地投入教学的旅程。室内和户外都应该提供各种开放性的机会,在儿童互动、游戏和学习时,丰富和活跃他们的生活。

本章将介绍何为环境,为何它是特别的,以及它如何帮助我们促进和拓展儿童的风险、挑战与冒险体验。本章还讨论了室内和户外环境及其如何更好地支持和扩展儿童的有效学习。最后,思考了室内外环境之间的关系,以及这些环境如何协同工作保障自由心流游戏。

一、环境由什么构成?

环境由资源、人和当地环境组成,为儿童提供了互动和学习的机会。这包括儿童所在的保教机构(室内和户外)、机构周边地区和社区中的居民。英国《早期基础阶段法定框架》(2012)非常强调环境,将其描述为"能动性的环境"。"能动性"一词意味着开放和灵活,这对于思考如何将儿童的兴趣与室内、户外和当地的活动联系起来十分关键。

英国《早期基础阶段法定框架》(Department for Education,2012:3)指出,"能动性的环境"应该重视所有的人和各种学习。能动性的环境是儿童互动的资源、人员和体验的范围。在这些能动性的环境中,在教师与父母或者照护者之间伙伴关系的支持和拓展下,儿童获得良好的学习和发展。"能动性的环境"应提供:

- 与所有儿童的文化和社区相关的激发性资源;
- 通过游戏和游戏化的教学,提供丰富的学习机会;
- 支持儿童冒险和探索。

因此，教师应规划和提供室内和户外的环境，链接并聚焦高质量的游戏、学习和教学。正如海伦·比尔顿（Helen Bilton，2002：1）所说："环境是将知识和儿童联系起来的桥梁；它构成了教育整体的一部分，必须仔细规划。"

能动性的环境应使室内和户外的环境协同工作，不仅能确保儿童的兴趣和需求得到支持和扩展，还能确保他们通过自由心流游戏，以一种关联的方式行动，提供和扩展所有风险、挑战与冒险的机会。物理环境应该是：

- 安全可用的空间；
- 可及的；
- 稳定的、一致的规则和期望；
- 高质量的资源和成人教学；
- 通过各种刺激发挥游戏和学习的潜力，包括成人发起的和儿童自发的活动、展示和互动。

这些也应能促进英国《早期基础阶段法定框架》涵盖的所有领域的学习。

情感环境也非常重要，如果儿童不能感到安全、被爱和积极的自尊，他们就不会从冒险和迎接新挑战中感受到愉悦。无论儿童在哪里，都必须考虑情感环境的创设，它应该是：

- 温馨的、有爱的；
- 积极心理健康；
- 幸福的；
- 认可每个儿童在个性、胜任力、能力、韧性和自信等方面具有独特性；
- 有趣！

这将造就快乐、自信的儿童，让他们轻松自然地学习，因为他们在属于自己的环境中，和关心他们的人一起，能够获得舒适感。

二、室内环境

环境会说话。长长的走廊对一个儿童悄悄地说："跑。"而栅栏则会让他们借助一根棍子发出声音。家具和物理材料传递温暖、快乐、恐惧、远离等看不见的信息。空间和颜色也能表达情感。因此，室内环境远不只是物理环境，还包括所有可能潜在地影响儿童的外部因素和条件，诸如其中的人，如何安排时间，如何鼓励或劝阻行为，以及如何分配角色和责任。我们通常不考虑我们所处环境的不同，比如在家里、在工作场所，更不用说在公交车里了。试想，这种环境的变化对于儿童来说一定会令他们困扰和难以理解。儿童在家庭和机构里的行为差异常常让父母和教师感到百思不得其解，但这往往是由于不同的环境造成的。室内环境是每个儿童从家庭到机构适应的过渡，因为它更易于识别和熟悉。它提供了良好的学习经验，包含不同发展水平、学习风格和个人兴趣。不仅需要提供丰富的资源，还要关注如何使用它们，例如：安静、积极、独处或社交，依据儿童个体，以简单或越来越复杂的方式提供新奇和挑战。

室内环境通常由不同的空间组成，儿童在其中通过自身的行动和互动学习。一个蕴藏丰富经验的环境能够吸引儿童游戏，并引发他们的好奇心，让他们有更多的发现，创造意义。良好的室内空间必须提供舒适和安全、自由和引导、行动和自主、试错机会、健康和风险、隐私和社交空间，以及日常活动的规则和秩序。此外，还需要有人，儿童正是通过与人交往才学会成为社会的一员。

成人在环境方面扮演三个重要的角色：

- 环境的规划者；
- 环境的参与者；
- 环境的评估者。

一个精心规划的、支持性的环境能让成人自由地实施更好的保育和教育，在正确的时间观察和提出问题，在最佳的时刻微笑、点头或拥抱。教师在创设环境方面好像"走钢丝"，有时在计划特定活动的同时又要观察儿童的反应，然后再决定关注什么来扩展儿童的思维。理解儿童头脑中正在发生的事情是成人的一种能力，它决定了环境后续的发展方向。成人需要与儿童交谈，以了解他们的想法和观点。苏珊·艾萨克斯（Susan Isaacs）认为，"儿童几乎没有维持谈话的能力，需要有其他机会与擅长说话的人交谈。成人或年龄大一些的儿童能够倾听他说的话并做出恰当的回应，这对他来说，远比用清晰的语言进行专门的教学更有价值"（Weber，1971：179）。

我们每个人对儿童都有期待，希望他们成为这样那样的人。毋庸置疑，他们需要成为机智灵活的、具有积极自尊感的热爱人类的人，才能独立地面对失败和成功，进行创造、成长和学习。如果我们为儿童提供像监狱一样的环境，其结果将与为他们提供光线充足的、通风的空间，以及易于访问且充满敬畏、奇迹和冒险性的户外环境大相径庭。

三、室内环境应考虑的因素

1. 空间、规模、大小和时间

所有的空间都有大小、规模、审美性、入口和通道，这些共同为环境营造出一种感觉。规模很重要，因为当儿童感到不知所措时，他们可以找到更加安全的地方，而习惯开阔环境的儿童的特点则是渴望四处走动。

大小其实并没有我们认为的那么重要，然而，它必须符合蒙台梭利提出的家具的"儿童尺寸"这一标准。这也应适用于方便使用的水槽和其他固定装置等。如果你坐在地板上或者坐在室内环境中一把儿童椅上，你可以通过儿童的视角了解他们的环境。重要的不仅仅是物理空间，还包括气味、声音、温度和湿度。一个炎热、拥挤的房间，声音嘈杂、气味难闻，相比同样大小但人较少的房间，要更难以忍受。进出自由可以让每个儿童都有机会选择最适合他们的地方。

时间是另外一个因素。如果你想起自己上学的日子，经常会勾起一种被压抑和被监禁的感觉，可暑假的时光似乎显得格外悠长。

2. 审美

一个令人愉悦的视觉、听觉或触觉的多感官环境，可以通过物品摆放，通过将家具和物品与光线、通道及其他不同区域距离的联系来实现。这对于那些在生活中极少体验到美和优良设计的儿童来说格外重要。木材或织物的感觉，家具的线条和设计，以及丰富的物体和图画的审美性，而不是一堆杂乱无章的物体，它们有着天壤之别。储物柜和家具发挥着关键的作用，特别是那些由高质量、经久耐用的材料制成的物品。

3. 声音

声音可以像说话、大笑、音乐那样，对成人和儿童产生安抚或扰动的影响。理想情况下，应该有安静的区域，也要有允许产生噪音的区域。

4. 颜色和光线

颜色可以反映情绪和突出特征，有一些还具有镇静的作用，如蓝色。明亮的墙壁可以吸引儿童进入空间，白色可以让空间显得更大。在墙壁和地板上使用原色很重要，因为通过结合织物、绘画或照片，颜色更容易和到浅色或普通的背景相融合。无论使用什么颜色，都不应该冲击感官，使人的感官超载。应尽可能地使用自然光，避免刺眼的强光照明。照明可以赋予空间温暖和特性，或突出某些区域。使用大型的"刻板"的和过于"商业化"的艺术图像可能会成为不适宜的障碍，使区域缺乏灵动性，并让儿童产生意想不到的负面感知。通常，一个"像家一般"吸引人的环境会使儿童对物品和设备有彻底的了解，并会爱护它们。

5. 特色和建筑设计

特色来自建筑设计、家具陈设、木制品、其他物资及其安排方式。这些要有助于鼓励儿童参与空间或区域的活动。内容丰富、涵盖广泛且课程均衡的区域通常包括：

- 沙（理想情况下包括干沙和湿沙）；
- 玩水设施；
- 触觉和操作活动区；
- 语言和阅读区；
- 图形创作区；
- 音乐和声音区；
- 舞蹈和运动区；

- 建构区；
- 创意和制作区；
- 娃娃家和表演游戏区；
- 小角色扮演区；
- 数学/科学发现区；
- 信息与通信技术区。

这些区域很重要，因为它们保证了课程的覆盖范围，并为儿童自身兴趣和需要提供了广泛而均衡的起点。

因此，良好的空间具有特性和弹性。在较大的空间中分隔小的空间，并考虑多层次空间的可能性，在不失去熟悉的特征的前提下，提供更大的灵活性，帮助儿童和成人获得一种"在家"感，同时又能有更多的探究和发现。

6."心流"

在培养和挑战的过程中，"心流"是一个关键概念，因为它可以利用儿童的投入、着迷、渴望或兴趣，使其进一步发展。活动区域之间的通道、联系和运动应该支持儿童所需的一系列室内外经验，诸如自我选择安静的时间，秩序感和宁静感，归属感，参与合作活动，实现特定技能或能力所获得的成就感，以及制造混乱的机会。安静的区域应设置在一起，而艺术和工艺区以及触觉感知、水和沙子的活动则应设置在水槽附近和可洗地板上。这对成人来说是有挑战的，因为资源需要从一个区域搬运到另一个区域，并在不同区域之间移动。一个对穿越物体着迷的儿童可能会在户外以不同的速度穿过隧道或许多大纸板箱。然后，儿童又可能会转移到在塑料管道或排水管里进行小球或汽车比赛。接着，他也可能会钻进里面，（在成人的鼓励下）去建构滚珠轨道(marble run)①，或使用编织、缝纫材料穿珠子。儿童天生具有想象力和创造力，他们能很轻松地在区域之间穿梭，继续他们的探索和发现，获得美妙的学习体验，以及源自自主学习的满足感和"心流"的感觉。

---

① marble run 是一种有轨道的滚珠游戏。——译者注

7. 现有的结构

应该利用现有的结构，比如一个有趣的视角或可以建造巢穴和静处的角落旮旯。每个区域的开发方式将反过来影响附近的活动空间的选择。高使用率的区域应该分布在完全可用的空间，以便儿童更倾向于小组或个人游戏，而不是开发有人数压力而几乎没有价值的"堵塞"（拥挤）的活动。

8. 通道

通道在使空间发挥作用方面十分重要。通道是"人们从一个地方移动到另一个地方的地板或地面空地"（Kritchevsky et al., 1977）。一旦活动区域规划完成，那么从儿童的角度考虑这些区域之间的融合与转换就很关键。如果儿童知道在哪里可以找到东西，就可以帮助他们决定他们的关注点，并设定自己的目标。这也意味着若需要，他们可以在区域之间转换活动材料，然后再物归原处。为了自我调节，他们需要知道安静、反思的空间，繁忙、嘈杂的空间，以及可以与成人拥抱或安静小憩的空间。清晰的道路和充足的空白空间对良好的组织和学习至关重要。成人可以通过蹲下、坐着，从儿童的高度探索识别这些区域，以确保没有设备和材料阻塞通道。（在户外，有时这可以通过不同的质地来实现）

9. 边界和围封

这可以围绕活动区域创建，以创造一种秩序感，并帮助儿童在游戏中做出真正的选择，让他们持续而深入地参与其中。一系列色彩鲜艳的家具有助于将设备存储在某些区域，但从儿童的角度来看，这可能会造成对儿童的视觉干扰。使用透明的织物或架子作为部分分隔物可以为儿童营造一种私密感，不过仍然需要一定程度的监督。用毯子和地毯覆盖的大垫子、盒子和容器也可以提供非常棒的边界。对婴儿来说，有内衬的大狗篮是理想的婴儿睡床和游戏区域，可以供他们爬进爬出。

10. 椅子和桌子

很少有儿童需要真正地坐着，但如果我们想让他们试验和探索不同的媒介，建构、创造和玩游戏，就需要在不同的高度提供合适的表面。家具对于用餐和更复杂的操作任务是必不可少的，但大多数活动都可以在地板、塑料布、积木、盒子或较矮的桌子上进行。覆盖地毯的立板非常适合婴幼儿学习走路。高度的变化也可以使可用的空间看起来更大。任何低矮的空间，如巢穴，也应考虑有足够的空间便于成人进入，并应提供适当的座位，因为儿童往往喜欢聚集在成人所在的地方。

11. 存储

克鲁克和法默（Crook & Farmer，1996）指出，设备和资源的呈现似乎在说"来找我"，可以激发儿童的兴奋感、好奇心和探索欲。教师团队的创造力体现在精心使用软体家具、照片、标签、篮子、容器、陈列和架子，消除视觉混乱（visual clutter），支持儿童的参与和专注，通常也有助于儿童的整理工作。当可用资源的数量减少时，少即是多，使成人保持区域的邀请性和兴奋感，以便儿童更有效地利用。有效的存储有助于最大限度地使用资源，并帮助儿童理解秩序带来的好处。

存储可以分为开放的和封闭的，或可见的和可及的。前者是指未经允许的使用者；封闭性的存储一般是指未经允许，使用者看不见或拿不到，包括需要成人监督的特殊设备、一次性资源或贵重物品。所有潜在使用者都可使用可见的和可及的存储空间。固定的或可移动的存储空间皆可。装有脚轮的存储容器具有灵活性，可以满足不同时间和地点的特殊使用。多功能或专用存储用来存放特殊物品，如安全运输和移动大积木或书籍。理想情况下，存储应该靠近与它相关的区域，并足够充裕地保存和显示存储的物品。为了确保有效，它的大小、形状应与空间和使用者相适应，同时还应美观。

12. 混龄机构

混龄对成人提出了特殊的挑战，因为在一个群体中相差至少一年的儿童，他们有相当不同的需求和兴趣，这可能会导致潜在的冲突和错失机会，还可能会引发一种状况，即只提供最基本的活动或限制了婴幼儿的身体发展。因此，应该有一些专门为婴儿、幼儿和年龄更大的儿童使用的专用空间，以及更大的共处共享空间。弱化边界（low boundaries）可以创造出空间，以接纳最年幼的幼儿，他们需要亲人的陪伴和参与，同时也为他们提供了观察年长同伴的机会。在这种环境中，有轮框或存储箱的桌子可以为较大儿童的学习提供良好的平面。阁楼区域为非常小的儿童提供了令人兴奋的空间，它的下面还有一片有趣的围封，同时也为年龄大一些的和运动能力强的儿童提供了进入上层区域的通道。

13. 展示

展示应该用来唤起儿童的好奇心。可以通过包括不同的风格、文化、媒介的材料和图像来实现。一两幅儿童画往往比大量的图片更有意义，更能突显学习性。公告栏应整洁、有吸引力，并定期更新，以保持成人的兴趣。在户外，使用塑封图像或相框进行展示非常有效。

14. 入口区域

精心设计的进出口通道，即使在紧急情况下，也能让人有条不紊地通过。门厅和开放空间应该让儿童和成人感到受欢迎且舒心。窗户、展示和个人欢迎（personal welcomes）很重要。此外，还应规划童车和户外服装的安全存放等问题。

四、为什么户外环境很重要？

自由心流游戏有两个基本要素：第一，有选择参与特定兴趣或吸引力活动的自由；第二，在一定程度上，户外有很强的不可预测性，这对儿童来说相当重要。户外很难确保百分之百的安全，但它是进行真实体验的坚实基础，比如膝盖的擦伤！生活越来越多地被计划、被组织，却往往很少考虑儿童个体发展。杰罗姆·卡根（Jerome Kagan, 1994）、弗兰克·F. 弗斯滕伯格（Frank F. Furstenberg, 1988）和大卫·埃尔金德（David Elkind, 1987）等研究者都指出，父母的过度担忧会导致焦虑增加、成年期延迟（delayed adulthood），无法激发新想法和应对压力。对于所有儿童的发展来说，一些不适和失望，就如同快乐、敬畏和惊奇一样重要，而这更有可能在户外而不是室内体验到。

户外提供了丰富且令人兴奋的机会，可以通过积极的运动游戏以及一系列在家庭里不容易获得的自然材料和资源去发现和调查。儿童需要时间和自由去户外探索，教师观察他们并相信他们会遵循自己的本能和兴趣。早在1938年，在伦敦斯特普尼工作的艾拉·露丝·博伊斯（Ella Ruth Boyce, 1938：185）就对在装扮游戏中的自由这一重要元素作了丰富的阐述。博伊斯描述了如何使成人的干扰最少化，给儿童的游戏自由最大化，从而让儿童在经历最初的行为困难后，获得更有想象力的游戏和更丰富的个性。成人干扰的减少和户外相对"杂乱"对儿童很有吸引力，因为这允许他们自由移动，可以制造比实际或被许可的室内更多的混乱。

自然环境是高度动态的，这使儿童有机会更多地了解自己的身体，并通过挖掘、建构、攀登、飞溅、打破和平衡来改变他们的发现。这让他们可以更多地控制和参与自己的游戏和学习。儿童与环境互动，学习在室内永远无法学到的东西。他们在一个更大的、自由的空间里，使用自然材料，如土、木棍、沙子、石头和树叶，在想象的世界里尽情驰骋。他们更开放地思考，更少地受成人关于混乱、噪音和空间等规则的限制。理查德·洛夫（Richard Louv, 2005：3, 7）也支持这样的观点，"儿童就像需要良好的营养和充足的睡眠一样，需要与大自然接触。""儿童通过与自然有趣的互动，获得关于他们周围世界即时的信息，比如他们的身体如何工作，如何与他人合作，然后反复验证这些想法，帮助他们建立自信和智力技能。"

户外活动为能够自我调节的儿童提供了极为重要的体验。它可以使那些非常活跃的人平静下来，并为那些需要提高粗大和精细运动技能的人提供真正的身体考验。儿童还能掌握技能，拓展动机，学习模仿和支持他人，同时发展对自身能力的了解。户外活动还有助于教会儿童生活技能，比如危险意识和何时寻求帮助。

五、为什么户外特别适合儿童？

对一些儿童来说，纯粹的身体自由，感受阳光、风、雪或雨在他们皮肤上的触觉体验，不仅促进了"心流"状态的实现，而且有助于他们获得早期的精神体验。特别是对于有特殊需要的儿童和那些有复杂残疾状况的儿童，在户外的身体反应往往比娇养在温暖舒适的室内要大得多。

花园或户外游戏空间也可以为儿童提供一些他们自己拥有和尊重的特殊物品，同时培养一种地方感。地方感建立在他们对自己家理解的基础之上，并为他们所感兴趣的学习机会提供不同的可能联系。地方感很重要，正如德尔（Derr，2002）的研究表明，它证明了在儿童生活中他们与同龄人、家庭和社区之间联系的重要性。德尔确定了与儿童地方感相关的四种常见的游戏：

- 四轮车、坡道和通过仪式——通过探险、冒险、试验、探索和自我创造的通过仪式进行学习的儿童。
- 堡垒制造者——通过他们所创造的结构，体验想象、逃离、安全和创造力的儿童。
- 关怀者——从动物、植物、园艺、天气以及自然元素中，学习培育、陪伴、尊重、敬畏和惊奇的儿童。
- 关系网的建设者——有理由留下来或离开的儿童，理解根深蒂固和转瞬即逝的儿童，那些重视深层次的近乎精神联系的儿童。

儿童大脑的快速发育通过活动形成强大的联结而增强，他们的经验受限于其周遭环境，因此，我们为儿童所提供的环境对他们的大脑发育方式有至关重要的影响。

蒂特曼（Titman，1994）、摩尔和王（Moor & Wong，1997）以及弗罗斯特（Fjortoft，2004）的研究表明，自然的或野外环境对儿童而言更有趣，因为它们提供了广泛的选择，在不同材质和大小的空间隐藏和探索。对于许多儿童来说，有空间、时间来体验这些元素、不同的天气和季节是弥足珍贵的，因为他们在家庭生活中可能缺乏这样的机会。

六、户外环境应该是什么样子？

设计在户外环境时，儿童应该从一开始就参与。在切尔西露天幼儿园，我们一开始就询问儿童希望在原始花园里保留哪些特征，结果毫无悬念，是一棵横卧在花园里的老树，它具有独特的游戏功能和无限的可能性。多少年来，这棵倒下的老树每天仍然被以各种创造性的、灵活的方式使用，而且不花费一分钱！

任何空间对于一个儿童来说都蕴含可能性，即使空间很小很小。给每小组一个大纸箱，你会惊讶于它变成什么以及他们如何玩游戏。所以，如果你没有大的空间，也不必担心。你应该做的是盘点你已经拥有的东西，然后讨论还有什么其他可能。

如果你正在设计户外区域，需要重点考虑一些元素，例如：

- 通道或环形小路；
- 前往厕所、衣物间和室内的通道；
- 存储空间；
- 提供哪些材料和质地以增加审美和探索性游戏的可能性；
- 如何协调好更活跃和更安静的区域，以避免相互干扰；
- 沙、泥、水等物质材料；
- 园艺区；
- 有效的固定功能设计（active fixed features），如滑动、平衡、摇摆和攀爬；
- 可移动玩具和轮式玩具；
- 开放的或放松的空间；
- 种植乔木和灌木的区域。

此外，你可能还需要考虑如何创造性地设置连接室内和户外的阅读区，比如，需要保持干燥。

七、户外的区域

任何户外空间都应该是开放的，但也应创设像室内一样的区域，以便易于进行不同类型的游戏和学习。

这些区域应提供长期使用的主要设施，但每个区域的设置应有所不同。拥有一些相对固定的区域及材料的实际用处在于，在天气不那么恶劣的情况下，你不需要增加太多的资源。对于空间，我们需要谨慎考虑，需确保儿童光着脚不会被自行车碾压到，或者小声谈话和讲故事时不会被追逐打闹游戏干扰。儿童眼里的区域跟我们成人明显不同，成人在区域之间创造的无形的边界可能是造成干扰的原因。区域应该包括：

- 沙水区有水、船、巢穴/游戏屋以及桌面操作区；
- 天然的和人为创设的攀登、平衡、摇摆和滑行区域；
- 环境/野外区域，柳树洞、有护栏的池塘、鸟食台、原木堆、堆肥机、昆虫屋等；
- 儿童参与园艺区蔬菜种植的设计和主题的规划；
- 创设有木制平台或长椅的集中区，用于团体时间或用来唱歌、演奏音乐、讲故事、操控木偶和游戏；
- 制作泥派、模具等的泥巴厨房；
- 可以注水的戏水池；
- 一个更安静的区域，充当小角色扮演、建筑、办公室、书籍、创意活动等的"桥梁"；
- 在有顶棚的廊檐或走道提供电源，无论天气如何都可以在区域使用木工制品、笔记本电脑、显微镜以及地板机器人；
- 一个更大的方便存储的覆盖区域，可进行不同规模的障碍课程和体育活动，如跳舞、彩虹伞、角色扮演、大型积木建构，以及在天气非常潮湿时进行体验活动；
- 为自行车、跳绳、跳跃、奔跑、拍球、棒球、篮球和滑板提供开放的空间。

我对瓦茨（Watts，2011）提到的"松弛空间"（slack space）[①] 颇感兴趣，他认为该词源自"游戏英格兰"（Play England）发布的小册子，用来描述一个没有预先确定功能或目的的空间。我喜欢这个概念，因为在某种程度上，任何区域都附带成人的目的，而实际上，应该儿童想做什么就可以做什么。这些区域非常灵活、流动和开放，因此极易回应从学步儿到7岁的各年龄段儿童的需要。儿童可以通过不同规模的参与，单独一个小组或全体参与获得经验。我们必须仔细研究什么是自然的，我们提供了什么，为什么与儿童的兴趣和需求有关，以及适当的机会平衡和流动。

索贝尔（Sobell，1990，1996）认为儿童的"特殊地方"具有以下特征：

- 它们通常是由儿童自己发现和建造的，不用担心成人的干预；

[①] "松弛空间"是英国建筑教育学家杰里米·蒂尔（Jeremy Till）在其著作《建筑的取决因素》中提出的一个概念，它是指在设计过程中考虑偶然性与不可控因素，将主体融入空间生产当中。相比较具体的可控制、可测量和可规范的物质空间，松弛的空间处于一种动态的社会和政治关系之中，即空间共存于时间当中，并不被时间塑造，或者尝试超越时间的概念。即强调使用者的介入会影响建筑设计的过程，通过交流的碰撞和讨论，让更多的偶然性因素融入空间的生产之中，最终使建筑设计、空间生产与社会实践融为一体。——译者注

- 它们本身具有秘密性,只有那些创造它们的人才知道;
- 它们通过拥有者的决定和想象力来改造;
- 它们对儿童来说是安全的;
- 它们赋予建造者权力;
- 它们是有组织的世界;
- 这些区域既相对独立,又彼此相连,因为它们需要根据儿童的动机和兴趣动态地联系起来。因此,如果一个小组想创建一个巢穴,他们可能会从建筑区、沙水区带来一系列松散材料。他们也可以从表演游戏区中获取资源。

八、户外环境的特征

创设一个理想的风险、挑战与冒险的空间,首先需要吸纳儿童、家庭和教师的建议。它应该体现使用者的发展适宜性,考虑动、静区域分开。沙区应与水源相连,并用硬质平面分开,以避免滑倒的危险。清晰的边界和足够的进出区域空间以及整个的合适的循环通道很重要。在设置和清除风、温度等元素以及围栏和树木等景观资源时,要考虑使用的便利性和舒适性。户外空间应尽可能具有开放性,如允许通过篝火和年度自然生长周期进行持续的改变或部分改变。此外,还应便于维护,例如,可以比较轻松地翻耙沙子,必要时可以更换,或者当木材开始腐烂时进行保存和更换。

1. 绿色结构

一系列形态和高矮各异的小乔木和灌木丛能够遮阳,可供开展探索游戏,还能引发儿童对自然的兴趣。不同品种的叶片形状和一系列的落叶和常绿植物也有助于引发全年的兴趣。你可以用柳树来创建隧道或巢穴,如果浇灌得当的话,它们每年都会变成一片郁郁葱葱的绿。

2. 松散材料

这些材料包括一系列人造的回收材料,如地毯方格、轮胎、盒子、板条箱、纸板管、卷轴、排水管和管道、织物、网、绳索，以及用于造型、移动和使用的材料，如土、沙子和水。废料商店有一系列可用的材料。

3. 多样化的地形

蜿蜒的小路、斜坡、平坦的地面、崎岖的"悬崖"和平坦光滑的平面，便于骑自行车、跑步和玩球类游戏，儿童在多样化的环境中能获得不同的经验。对儿童来说，可以从上面滚下来的斜坡是非常棒的。地形还给儿童提供了实际情境中使用方位语言的机会，诸如上、下、中间、相邻等。

4. 可抓握的单个的物品

儿童应该有一系列用来投掷、挖掘、建造和游戏的工具和设备。它们应该是基于儿童的年龄和发展水平所设计的高质量资源，包括球、球棒、铁环、风筝、铲子、桶和模具。当然，这份清单难以穷尽——但一定要考虑存取方便。

5. 辅助材料

这些物品要适合跳过、跳上、跳下以及保持平衡。它们可以是松散材料，如木板和板条箱平衡木、轮胎、跳绳、木制垫脚石或永久固定的设施。原木树桩和树段也非常有用，你可以添加一系列较小的自然材料，如松果、小树枝和树叶供儿童玩象征游戏。

6. 非固定的辅助材料

这些材料提供了摇摆、悬挂和攀爬的机会，比如在高度适宜且坚实的树干上设置秋千或梯子，周围有足够的空间和平坦的地面。最好让一个强壮的成人先测试一下。

7. 可攀爬的设施

可以探索和掌控以及爬上去、俯瞰并安全下来的地方。可以是固定的或可移动的，但其高度和挑战需要契合儿童的年龄和发展需要。大型木制积木、梯子和平衡木可以用各种令人兴奋的方式进行连接。

8. 庇护所或巢穴

这里是可以躲藏、体验安静和独处的秘密地方，也是可以与同伴交谈和游戏的地方，还可以是固定的结构，如游戏屋。此外，织物板、网或带架子的防水油布也可以创造令人兴奋的开放式和可移动的设施。

9. 泥巴厨房

包括可塑材料、容器以及用来建造、塑造形状或"烹饪"的工具。回收的厨房用品非常实用。

10. 水

儿童在这里蹚水、戏水、钓鱼和日常玩耍。这可以通过一个水龙头、软管或自动喷水装置、喷水池、戏水池或特殊的水景，如气泡喷泉来实现。喷壶、桶和一系列的水盘是必不可少的。

九、丰富户外环境资源

一些有丰富想象力的儿童几乎不需要什么东西，他们也能使游戏活跃起来，成为真正的冒险家。另一些儿童则需要教师的敏感支持和干预，在合适的时间提供恰当的材料，以确保冒险得以持续。

方便地存放"松散材料",可以改变"最贫瘠"的环境。例如,在玩水区附近提供管道、塑料管、排水沟和各种容器,或在建构区附近存放手推车、积木、木板、梯子、大木箱等。实践证明,在表演游戏区提供织物碎片、坐垫、地毯、各种不同大小的夹子和钉子,以及一些宽松的服装和面具是很有用的。这些资源就是儿童创建和改造的"松散材料"。因此,他们可以找到胶带、绳子连接排水管,创建一个巢穴或纸板管,充当表演游戏区的望远镜。教师也可以通过提供激发物或催化剂,以进一步挑战他们的冒险之旅,激发他们的想法。在建构区,手推车上装载的用防水布覆盖的湿沙子可以助推游戏发展;在表演游戏区,背包、地图和信息可以拓展真正的发展范围(developmental scope)。调整已有的材料,并以不同的方式创造性地使用。大型积木、帆布、绳子和木材可以用各种方式使用,原木、树桩、砾石和大石块等,都可以创造出新的、风险更大的挑战和机会。

重要的是,确保不要让一个特定的群体主导户外游戏,尤其是像自行车这样的设备,男孩和年龄稍大的女孩由于地位和体型优势,可以容易得到"最好的自行车"。最好不要一直使用自行车/轮式玩具,而应把它们用于特定的兴趣焦点区,并将它们与巨型沙计时器巧妙地结合起来,以保障使用的公平性。高档设备(high status equipment)和高儿童自尊(high child self-esteem)之间的联系很重要,因为已有的研究表明,教师计划和参与自行车游戏维护了不同性别和年龄儿童之间的公平。有时,一名教师的视野可以保证所有人都能参与,这样"看不见的"(invisible)儿童就可以悄无声息地加入游戏而不会大惊小怪或引起注意。同样,这也可以通过制定使用区域和资源的时间表来实现。你可以列出参与烹饪、木工、使用电脑和外出探险等活动的儿童名单,这样所有的儿童都有机会参与。对于数量有限的设备,使用巨型沙计时器非常奏效,它可以帮助儿童自己来维护公平,并了解时间的流逝。

可以通过花园软管等设备来玩令人兴奋的联合控制游戏。由成人或儿童控制,创造瀑布、游泳池、河流和湖泊,进行小角色扮演、戏水或在非常炎热的日子里淋湿自己。即使是羞怯的儿童,使用塑料管时,也会表现出他们性格中更"疯狂"的一面。

大型积木、轮胎、木板、梯子和大木箱等设备可以单独使用,也可以与A字架等攀爬设备组合使用。一旦儿童有信心使用,就可以创造出惊人的结构、巢穴以及想象的角色扮演场景,而很少需要成人参与。类似的障碍课程中挑战的高度或难度,将通过成人的仔细观察拓展,持续地增强儿童的信心和身体技能。

十、户外环境中进行园艺的机会

园艺是儿童的一种必要的户外体验,可以在非常有限的空间里使用各式各样的容器进行。

园艺长远的价值超越了身体运动。它包括学习的领域,比如,了解你的食物来自哪里以及有关健康生活的各个方面。研究表明,园艺可以帮助儿童更加负责任,行为更加冷静。《户外学习宣言》(Learning Outside the Classroom,简称LOTC)指出:

户外学习通常是最难忘的学习经历,通过在感觉和学习之间建立联系,帮助我们理解周围世界。它们会一直伴随我们到成年,影响我们的行为、生活方式和工作。它们会影响我们的价值观和我们所做的决定。它们支持我们将户外丰富的学习经验迁移到室内课堂,反之亦然。

(Teachers.org,2009)

关于园艺的一种普遍的认识是,儿童在与不可预测的环境互动中学习循环利用、堆肥、培育食用的和观赏的植物。安·瓦茨(Ann Watts,2011)在她的著作《每个托育机构都需要一座花园》中不仅指出了花园的好处,还对如何设计、种植、教学以及让年幼的儿童真正打理一座花园提供了明确的指导建议。

无论你的花园多么小,它对发展儿童的感官方面都是有价值的。借助各种容器可以形成一个小花园,如制作像鸟盆之类的设施。感官花园不只是为了刺激,还提供了平静和反思的机会,所以小角落里生长在容器中的攀缘植物,一个座位或长凳,风铃或雕像,喂鸟器和石头都可以增添一种精神品质。生态性也可以根植于其中。重要的是要考虑持续的维护,所以在计划动工之前要考虑经费问题。儿童还需要适合的工具来完成高质量的园艺,承担适当规模的任务。

多年来,我体验到了时常发生在户外的"魔法",比如英语作为辅助语言的儿童在花园里认出了他们在家里吃的蔬菜或水果,或者由于各种原因导致害羞、不能或不情愿交往的儿童,开始了解世界并进行交流。户外以一种不同于室内的方式与儿童及其兴趣和性格连接,相对的自由和开放的机会鼓励他们放松且更流畅地学习。

1. 当心危险

大多数植物无害，但儿童从很小就要知道，如果没有得到负责人的许可，不能食用任何植物和真菌的果实、种子、浆果、鳞茎、根、茎和叶子。英国皇家事故预防协会（The Royal Society for the Prevention of Accidents）研制了非常实用的有毒植物清单，提供了针对误食和误触的应对建议。如果你怀疑一个儿童误食了某种有毒植物，请立即把儿童带到医院，并带上植物样本，记录吃的时间、数量和所有症状。如果你怀疑皮肤或眼睛受到刺激，用清水清洗该部位，并带上植物样本咨询医生的建议。

2. 连接室内外环境

户外和室内对儿童都很重要，这就需要一个设计和组织良好的能够融通室内与户外的环境，最好是室内和户外环境同时可用。

（Education Scotland，2004）

这两种环境同时存在并相互关联，为儿童的风险、挑战与冒险的体验提供了更多的可能性。如果室内和户外有一些明确的联系，对儿童来说更有意义。例如，如果室内空间小，可以用托盘和水袋玩水。在更宽敞的户外，可以用大托盘、洒水壶和量杯玩水。它还允许以不同但相互联系的方式更深入、更广泛地探索概念和技能。例如，一旦儿童对水的不同深度、流动方式，以及物体如何在水里漂浮或游泳有了经验，那就带他们去当地的池塘、湖泊或河流。

教师特别需要考虑以下事项：

直接进出室外的过渡区域

应该有每天可以方便地通向户外的区域。在室内外之间应有一个良好的过渡区域，有方便取放的衣服、鞋子，以及编织材料做成的垫子，因为防止泥浆和潮湿也很重要。这种通道有助于进出方便，也对教师带来了很大的影响。成人的服装和鞋类应该存放于此，以最大化地利用这一榜样示范的机会。此外，还应考虑靠近厕所和洗手设施。

特殊设备

尽管室内或户外各有特定使用的资源和设备，但可以在这两种环境通用的资源和设备才是真正有效和有益的，因为它带有开放性和灵活性。某些易腐或高价值的物品则需要教师予以特别考虑，以决定是否、何时以及如何使用，从而不会浪费宝贵的经费。如果经费非常有限，提供如纸板箱和轮胎等更便宜、开放性的资源，也可以有所帮助。

清洁设备、座椅和合适的存储空间

无论户外空间大小，都需要保持干净、整洁，对成人和儿童都有激发性和灵活性。合适的清洁工具应是适合儿童的尺寸，以鼓励儿童和教师去户外并参与其中。户外的座椅对扩大参与程度有真正的影响。如果要保证供给持续并正常发挥作用，那么整洁有序、方便儿童和教师使用的储存空间是必不可少的。

持续的自由心流游戏

这是高质量户外游戏和学习的核心。"玩耍时间"的心态不能保证质量，它只不过是在户外提供了一个短暂的休息时间，这无益于那些教师和父母改变态度，他们认为户外是室内课堂正常工作的一种放松。自由心流的户外游戏让儿童和教师有时间深度参与，做出恰当的选择，以期在每一天、每一周和每一年都可以进行令人满意的学习。如果有不同年龄的儿童可以进行自由心流游戏，而不是时间表安排的游戏，这通常意味着在任何时候很少会有人游离于游戏之外。

十一、总结

环境在支持儿童经历风险、挑战与冒险方面起着关键作用，户外环境尤其如此，因为儿童有更大的自由度和灵活度掌控他们的游戏和学习。有些学习只能真正发生在户外，特别是大肌肉运动的发展，因为儿童可以以一种在室内不可能实现的方式进行体育活动。应精心规划环境，组织资源，以确保所有儿童都享有机会。如果室内和户外环境共同发挥作用，并鼓励自由心流游戏，那么就会增强儿童的学习能力。如果各方人士都能理解这些好处，并谙熟室内外如何协同工作，那么就可以实现户外游戏和学习价值的最大化。不同机构环境的差异可能很大，但任何户外空间，即使它非常小，如果我们重视冒险性，就都可以支持冒险性游戏。这种潜力只受限于我们的想象力。

第七章 风险评估

一、引言

　　风险评估涉及的因素和内容非常多，因为它涵盖了各种天气条件下的无数情境、环境、交通、人和资源。风险评估没有一种简单快速的方法，任何"现成的"的方法都可能潜藏危险。本章着重探讨风险评估的理念和策略，以帮助教师建立相关的知识和开展相关的实践；对风险、危害、危险及安全等常用术语进行了解释，澄清了成人的责任，并介绍了风险评估的较好的做法，从而为儿童创造积极的成长氛围。随着社会开始逐渐理解冒险、安全实践、积极的规则和严格的风险评估的价值，培育和扩展风险、挑战与冒险的积极氛围将会兴起并繁荣起来。在某种意义上，冒险通常是需要与家庭协商的问题。它可以而且应当包括儿童、教师和当地社会。如果当地的成人能参与对儿童的实际监管和保护，那么不仅可以提高活动的安全性，而且有助于消解不信任，发展团体精神。

二、什么是风险评估？

　　风险评估是指仔细检查学校、机构或学习环境中一切可能对儿童和成人造成伤害的因素。这是一个可以帮助你认真权衡所有可能对个体造成潜在伤害因素的过程。在此过程中，教师应该周密考虑是否已经采取了充分的预防措施，或是否应该采取更多的措施来预防伤害的发生。教师、父母和其他人有权受到保护，避免遭受因未采取合理控制措施而造成的伤害。

　　显而易见，如果人们无法工作或游戏、资源受损、保险费用增加或机构被告上法庭，那么事故和生病就可能会破坏生活和影响机构。因此，法律要求教师评估工作场所的风险，并制订计划来控制这些风险。它应该包括简洁、明确的程序和计划，以便让每个人都得到保护。

合理的风险评估内容应包括：

- 确保教师、来访者和大多数儿童得到妥善保护；
- 通过平衡效益和风险，为学校/机构提供整体效益，重点是减少真正的风险或危害——包括那些常见的风险和导致严重后果的风险；
- 不会与创造性的教育教学实践产生冲突；
- 确保那些制造风险的人负责任地管理风险，如果他们未能履行这一职责，就要采取强有力的行动；
- 使每个人都能明白，除了享有得到保护的权利，他们还必须对自己负责。

合理的风险管理不包括：

- 创造一个零风险的社会；
- 制造无用的文档；
- 夸大或宣扬一些司空见惯的风险来恐吓人们；
- 中止风险得到管理的重要的儿童学习和游戏活动；
- 减少导致真正伤害和痛苦的风险的保护。

上述原则改编自健康与安全委员会（Health and Safety Commission）主席比尔·卡拉汉（Bill Callaghan）于2006年8月提出的相关准则。

对于一个机构来说，重要的是，必须有一致的、连贯的方法进行风险评估，并确保定期重新审议，作为所有新员工入职培训的主要组成部分，以使他们能够胜任领导和做出合理的判断。

三、什么是合理的风险？

在进行风险评估时，重要的问题是"哪些是合理的风险"。法院认为，任何预防措施都必须考虑风险和效益两者的平衡。当一项活动存在固有的和明显的风险，人们选择参与时，法律采取注意义务（duty-of-care）的常识立场，考虑一系列因素以减少不良的结果。切尔西露天幼儿园使用这种常识性的注意义务，即在预先试验或访问前进行现场勘察，无论儿童在现场还是在社区开展活动之前，都要考虑到所有可能的风险。

教师也应该清楚地识别风险和危险之间的重要区别。危险是指任何可能造成伤害的人和物。一切都有潜在的危险，但重要的是你的处理方式。风险是衡量某人可能受到危险伤害的可能性，因此，你需要判断是否有可能发生伤害。这就是负责任，并对风险—效益分析做出专业的判断。风险也是促进有机会学习成年后所需的至关重要的自主生活技能的重要因素。通过探险和访问探索真实的世界，认识新的或不同的行为榜样，并通过实际操作的活动应对日常情况，支持儿童学会在一个可控的和监管的状况下做决策。格里夫（Gleave，2008）认为，如果我们不给儿童这些真正的机会，我们就会冒险让他们在我们视线之外进行他们自己的冒险行为。

教师在做出决定之前，需要把效益和担忧置于情境中来权衡利弊。例如，一个2岁的儿童想要在一堵矮墙上行走——我们担忧/抑制的是儿童平衡能力的发展——他们可以带着勇气和快乐去行动，抑或带着从呵护他们的成人身上转移而来的恐惧行动，结果更有可能会摔倒。教师需要正确地看待危险，记住一定程度的冒险是积极而自然的。我们必须在儿童的权利和相对自由地游戏的需要，以及他们这样做会对自己造成严重伤害的可能性之间取得平衡。

四、教师的法律责任是什么？法律规定他们必须做什么？

在每个学习环境中，教师每天都应该对该区域进行仔细的目视检查，包括地板、空地、照明、区域出入口、家具、玩具、设备、材料和固定设施，以确保它们状况良好。还应检查所有用于电脑和电视的工作站或手推车，每年应对所有的电器设备进行便携式电气设备测试，并贴上标明测试日期的标签。每天应定时检查，以确保散热器、窗户限位器和热水等热源都是安全的。应特别注意消防出口，确保畅通、未上锁，且容易从内部打开。自然通风、合适的室温以及防止强光的措施也应考虑。

健康和安全执行局（Health and Safety Executive，以下简称为HSE）强调，户外游戏和学习是建立在达成恰当平衡的基础上的。达成恰当的平衡意味着：

- 学校和工作人员在计划旅行/探险时关注实际的风险；
- 高风险活动需要进行详细的风险评估；
- 旅行/探险的组织者清楚他们的角色，获得了支持，并有能力领导或参与；
- 在旅行/探险期间管理实际的风险；
- 充分体验了学习和游戏的机会。

达成恰当的平衡并不意味着：

- 每一个细节都必须记录在烦冗的文档中，以为组织旅行/探险的人提供保护；
- 在计划风险较低的旅行/探险时，必须启动风险评估；
- 不会出现错误或发生事故；
- 所有的风险都必须或可以消除。

根据健康和安全执行局的规定，父母和照护者"应该关注组织旅行/探险的风险和好处，而不是文案工作"。这意味着组织旅行/探险的教师应该向同事、父母和照护者（以及在适当的情况下的儿童）清晰地传达有关精心计划的活动信息。应该解释预防措施是什么，以及为何需要这些措施，以确保每个人都能关注重要的问题。

组织外出旅行/探险的教师应负责：

- 采取合理的预防措施，并确保付诸实施；
- 知道何时以及如何在必要的地方使用应急计划；
- 倾听和听从他人的建议和警告，例如那些了解当地情况或具有专业知识的人。

健康和安全执行局表达的核心信息是："管理良好的学校旅行和户外活动对儿童非常有利。""如果儿童被棉花包裹的话，他们就不会了解风险。（HSE，2011）"他们认为，这些经历将使课程与生活建立联系，并帮助儿童发展自己对风险意识的理解，为他们的生活做好准备。

五、什么时候需要进行风险评估？

风险评估并不是一项复杂或繁重的任务。它关涉良好的实践和程序，应与机构的健康和安全制度建立联系。教师应该在着手工作或任何可能导致受伤或生病风险的活动之前实施评估。最终，管理者和教师团队有责任共同进行风险评估，包括日常活动和资源，如使用剪刀、颜料、胶水、积木，这是一种很好的做法。诸如木工、烹饪、园艺等活动可能需要更全面、更深入的评估。一旦就一套核心风险评估达成一致，需要每年对其进行审查（除非有重大变化），并将其作为新员工入职培训的一部分。

以下活动和情况需要进行特别的风险评估：

- 所有的旅行/探险；
- 机构/学校的来访者；
- 有个体需要的儿童或成人；
- 涉及需要使用特殊教学工具的活动，例如缝纫、烹饪、木工、园艺；
- 涉及水、火等更具挑战性的活动；
- 对任何情况发生变化的人采取合理的预防措施；
- 使用新设备；
- "一次性"的事件和突发事件。

记住，不需要每次在户外玩乐高玩具时都进行书面的风险评估，只需要观察这个活动并问自己：

- 这个人/这个活动/这个情况以前进行过风险评估吗？
- 自上次活动以来发生了什么变化？
- 儿童个体/群体/教师的情绪、天气或时间会有影响吗？

六、风险评估应该考虑哪些因素？

风险评估应该考虑游戏中的每个人、每个活动、每项学习，以及可能造成伤害的环境和可能受到影响的人。应考虑已有的控制措施，并确定需要进一步加强的控制措施。

评估应该做到：

- 进行一次适当的检查；
- 所有可能受到影响的人都应被考虑在内；

- 对所有重大风险都进行评估；
- 有合理的预防措施；
- 其余的风险都很低。

无须包括微不足道的或日常生活中的风险，除非你计划开展的工作活动会增加伤害的可能性。

在互联网上以及地方政府相关部门有大量的范本可供教师日常使用。对儿童最重要的因素是成人的思考过程：会发生什么？在哪里发生？成人将如何处理？可能会受到哪些干预？同样重要的是，要考虑难以预测的"万一"。如果活动或体验涉及外出，那么提前访问是非常必要的。当然，即使事情瞬息万变，也要将基本设施做好准备，比如活动地点的厕所关闭或公交车发生故障。

我们需要牢记，某一天对一组儿童来说切实可行且安全的事情，在另一天对另一组儿童而言可能并不适用。

外出风险评估示例

学校/中心外活动

评估者：

日期：

风险评估步骤

计划参访的地点：
潜在的危险：
有风险的人（例如：儿童、家长、学生、教师、其他人）：
列出现有控制措施：
上述未涵盖的或未完全控制的危险：
在整个参访过程中，危险持续监测情况：

这种表格对于室内外的新活动、新设备、新的教学技能以及外来访客等非常便捷适用。

生活在一个充满不确定性的时代，教师应该熟悉机构的危机管理制度和应对重大意外事件的计划。当然，这个话题超出了本书的探讨范围，但对管理者来说"未雨绸缪"不失为一个关键策略。比如，2005年7月7日，正当切尔西露天幼儿园像往常一样举行一年一度的主题开放日，不料竟发生了伦敦爆炸案。第二天，学校和儿童中心不得不提前关闭了，同时要照顾那些因父母和照护者受当天发生的创伤事件影响而严重延迟接走的儿童。所以我们要记住这条箴言——时刻准备着。

七、风险评估应该包括谁？

风险评估应该涵盖所有可能被场所或活动伤害的人群。需要考虑以下因素：

- 工作有风险的人员，如清洁、维修和维护人员等。承包人和轮班工人可能不熟悉你在做什么，以及已有的管控措施。
- 新手教师、缺乏经验的教师或临时教师。他们可能缺乏足够的理解力、成熟度或专业经验来识别风险，也可能不熟悉机构的文化，不知道什么能接受，什么不能接受。
- 读写能力较弱的教师/家长/来访者，可能因此会影响他们阅读、理解和遵循指导和说明的能力。
- 孕妇或新手妈妈及她们的孩子，因为他们可能更容易面临与健康相关的风险。
- 残障人士可能需要进行合理的调整，以便能够安全地工作、学习或玩耍，并将风险降至最低。
- 其他公众人员以及与你合用学校/机构的人群。

八、如何进行风险评估

风险评估是一个持续进行的过程，需要所有成人保持警惕以及儿童的参与，从而将危害降至最低。《早期基础阶段法定框架》规定了所有托育服务提供者必须满足的法律要求。服务提供者必须有关于以下两种情况的政策和程序：

- 环境（法定框架第3.63段）。
- 外出（法定框架第3.64段）。（所谓外出是指带领至少一个通常在机构场所内被照顾的儿童离开机构的情况。不需要每次都进行评估，只需确保针对某一种类型的外出准备充分即可）

这些政策应包括如何以及何时根据场所、布局、地点、时间、儿童的年龄及其需要进行风险评估，谁参与评估，涵盖哪些方面，需要记录什么，以及如何保存这些记录。

- 通过阅读风险评估制度和所有程序性指导或说明来明确危害。巡视场地，消除可能存在的危险，仔细观察周围的人、植物、动物、设备和物体，以预判儿童可能面临的危险，如果需要，还可以和他人交流并征询建议。
- 判断谁可能会受到伤害以及如何受到伤害（尤其是那些有个别需要的人）。
- 权衡风险，确定安全措施和设施（如有必要），这样就可以通过选择一个挑战性较小的选项来消除或减少危险。
- 简单地记录你的发现（一般使用模板），并将其付诸实践，以表明已经进行了适当的检查，这些预防措施是合理的，并且在此过程中也将其他相关措施考虑在内。
- 如果需要，随着人、环境和设备的变化，审查你的评估并进行更新。任何偶发事件都应考虑在内。

大多数风险在学校和机构中是众所周知的，因此采取简单的措施就可以防止损伤或伤害。在考虑风险评估时，请注意：

- 危险是任何可能造成伤害的事物或情形。
- 风险是在被警示伤害可能有多严重的情况下，个体可能会受到危险伤害的可能性。

九、鼓励儿童评估风险

严格来讲，儿童本身就存在一种危险，因为他们会做一些成人无法预料的事情。所以成人除了对他们大喊"停止"或"小心"之外，还要考虑鼓励儿童进行风险评估。从生物学角度看，儿童天生爱冒险，他们需要在一个充满活力、灵活性、开放性的环境中观察、感知和探索。儿童探索的设备/资源，不论是固定的，还是可移动的，均应经过教师的风险评估，以便开展丰富的探究性游戏。根据《1999年职业健康与安全管理条例》，管理者有责任确保教师和少年儿童不因以下原因而面临风险：

- 缺乏经验。
- 没有意识到现有的和潜在的风险。
- 未成年。

因此，让儿童参与风险评估，给他们培养一种生活技能是良好的教学实践。

针对3岁或4岁及以上的儿童可以通过以下方法来实现：

- 让他们通过游戏场景参与讨论道路安全和设备使用，例如运用角色扮演小人骑自行车。
- 帮助父母和照护者了解儿童面临的风险并设法向他们解释。例如，通过媒体进行公益宣传，鼓励父母教孩子学会自我保护，不允许其他人触碰身体的隐私部位。
- 使用一系列照片来展示新的活动、经验或设备，让儿童有机会分享他们对积极使用的想法和担忧。
- 让儿童自己制定一些核心的积极规则，而不是一张负面清单。

请谨记，法律并不期望我们消除所有的风险，但如果儿童要从活动、体验、探险、参访中受益，他们就应该获得一些在负责人的适当监督下保持安全的基本概念。然后，在合理而切实可行的范围内，将风险降到最低水平。

> **游戏背景下进行计划外风险评估的案例研究**
>
> 几名儿童在户外花园发现了一种不认识的蘑菇。虽然在没有监督的情况下进行这样的活动对儿童有明显的危险,但教师和儿童一起进行了快速的联合风险评估,强调儿童在发现此类物品时应该如何做。然后,通过持续共享思维,运用书籍和创造性道具使令人兴奋的游戏的可能性得到发挥,从而发展儿童的认知、想象力和技能。可见,教师在确保儿童安全、发展可能性思维及灵感、探索进一步的挑战等方面至关重要,这些挑战反过来又会激发儿童的意愿和愿望,进一步了解世界,学到更多。成人通过提出"如果……怎么办?""可以吗?"以及"如何?"等问题进行关键干预,促进他们对危险和冒险行为的理解。出于安全的原因,教师需要适当地进行干预,但同时也要发挥儿童的作用,以从潜在的危险状况中灵活地发展游戏和学习的可能性。

十、父母参与

随着时间的推移,与父母耐心协商的过程对他们理解冒险对孩子的真正好处是必要的。通常父母会和他们的第一个孩子一起"学习",而跟之后生的孩子在一起就会放松一些,因为他们有自己信赖和理解的经验。你可以在儿童开始入托时就与父母讨论任何有关恐惧和安全的话题,进行交流并建立信心。倾听他们的担忧,保持学习的态度。避免说"别担心"。当他们不在场的时候,你就是替代父母,所以获得他们对你的信任极其重要。值得强调的是,教师是在按照法律的要求行事,他们会像善良而有爱心的父母那样,尽可能合理而有效地保护儿童。通过进行书面的风险评估,帮助教师考虑、反馈并评估任何与有益的危险相伴相随的潜在风险。应和参与评估的父母及照护人员分享、讨论这些评估内容,以便他们也可以进行考虑、提出关切,并意识到可能存在的危险。

重要的是,要树立一种理念,让家庭从一开始就明白他们的孩子需要风险、挑战与冒险才能茁壮成长。向他们解释,大多数儿童能积极承担风险,儿童所承担的风险程度取决于他们的年龄、性别、生活的地方以及他们的文化/社会背景。同时,你还可以强调,童年是逐渐获得独立,学习自己为一个不了解或不认识的未来世界做决定的进程,因此承担更多的风险是这个进程中必要的和建设性的组成部分。与同事详细地讨论有关风险的关键因素,然后与父母分享这些因素大有裨益。这可能涉及父母以什么样的方式参与,如观看视频资料,讨论白板或电脑屏幕上展示的图片。你也可以给那些犹豫不决的父母和他们的孩子创设一起与有探险经验的父母交流的机会,或者提供随行父母所分享探险经历的网站或简讯。其目的是培育一种文化,即认同儿童需要了解和体验风险。

作为一个教师团队,应该创建一项附有典型实践范例的户外游戏制度,并请家长提出他们的看法。虽然没有任何一项制度能列出所有的可能性,但经过透彻讨论的较好的案例会带给教师(和父母)信心,使他们能够智慧且安全地完成工作。对于潜在的更危险的活动,如木工、篝火和探险,建议创建个别化的制度/实践和风险评估文档。

多年来,我遇到了许多惴惴不安和忧心忡忡的父母。有些人担心在花园里、使用工具时、遇见动物时引发意外事故。大多数人都担心孩子们外出探险,以及孩子是否能应对公共交通、步行、上厕所以及独立携带一个装午餐的小背包。我们必须认真对待这些担忧,并给他们珍贵时光(quality time)和适当关注。向父母呈现我们采取的所有程序和措施,以确保每一次经历对每一个儿童都实现最佳的结果,这是赢得他们信任的关键。

十一、3岁以下儿童的冒险性游戏

婴儿可以在户外茁壮成长,户外应该在他们的生活中占有一席之地,这样他们就可以理解冒险这个概念。他们要面对变化的温度和不同的风速。相比室内温热的空气,户外较冷的空气中含有更多的水分,对人体呼吸道和免疫系统也有益。精心设计的户外游戏空间,提供了一个更加放松、不太拥挤的选择。在儿童行走还不够灵活的年龄,教师和环境是最重要的游戏设施。

如果你观察一个刚刚学会走路的1岁儿童,你就会看到他们是多么有决心和动力想去户外和别的地方。他们很快就学会了通过台阶、斜坡、不平坦的地面,或者越发灵巧地探索球、自行车、婴儿车和独轮手推车等。我们需要意识到,非常年幼的儿童有内在动力去寻找属于自己的好玩的冒险或挑战,无论成人是否在场,他们都会去冒险、挑战。到 2 岁时，学步儿的身体活动达到一生中最活跃的阶段。他们对大肌肉运动以及更灵活的人（儿童和成人）的兴趣，帮助他们意识到其他人有需要、有意愿也有能力制订计划。我们可以利用他们逐渐增多的社会性游戏、语言的发展，以及对行动的渴望，开始教他们关于风险评估的内容。

图 7.1　生机勃勃的户外　句容市下蜀镇中心幼儿园拍摄

3 岁以下的儿童对周围世界的体验较少，因此，教师在进行风险评估时，需要考虑到他们由于年龄、身高、行走能力和个体需要等方面特殊的脆弱性。众所周知，婴儿从出生起就需要每天有机会在充满各种刺激的、安全的空间里不受衣服等因素长时间的限制，自由地爬或躺。他们需要有机会来练习伸手和抓取物体、应声转头、拉、推，以及和其他的人、物体或玩具互动。他们还需要玩爬行游戏，比如在坐垫上聊天或追逐不同大小的球，以提高协调技能。当他们掌握了行走、跑步、攀爬、投掷和探索的技能时，教师需要仔细评估每个儿童的风险判断能力。

十二、面向所有儿童的良好实践

每个机构都必须有实际的（以及每年审查的）"健康和安全制度"，对室内和户外核心活动中的日常活动/经验进行风险评估。机构还应确保能够得到基本照护服务的支持，包括适当比例的训练有素的儿科急救人员，具有相关知识且有能力提供专业标准的卫生、儿童保护和安全保障的保教人员。配备一名经过培训的外部参访协调员是个非常好的做法。然后，机构就可以制定并形成核心制度和文件并达成共识，以突显机构在提供风险、挑战与冒险方面的特定理念和日常实践。一旦到了这个阶段，教师就必须理解和执行这些商定的标准。经验丰富的教师可以作为探险的领导者与第一次外出的新同事搭档，这样如果有需要的话，他们就可以提供友善的建议和实用指导。此举旨在确保一致性，遵循基本的规则和做法以及保持信息对称。对通用规则的任何更改都需要有合理的解释。例如，在切尔西露天幼儿园，成人传递给儿童的信息是"上台阶，下滑梯"，如果我们是真正的登山者，就可以把绳索固定在滑梯的顶部，提供一个新鲜又不同的挑战。这就改变了通常的游戏顺序，为该设备提供了新的使用方式，增添了新的乐趣，也帮助儿童掌握新的技能。这也是个别化的风险评估。又如，当一群拥有高水平建构技能的儿童在游戏中使用大积木来创建一个"可怕的梯子"时，则应遵循通常规则，阻止他们在肩高以上的高度进行建造。

3—4 岁儿童了解真实风险和危险的案例研究

有时，只有通过真实体验，儿童才能更好地学习和成长。这是我多年前和一个西班牙儿童的经历。他对消防员特别入迷。我们安排了一次去消防站的参访，他深受吸引，兴趣盎然，他的母亲也很激动。然后，我们举行了一年一度的秋季篝火活动。但他害怕真正的篝火，不敢进入离小篝火 50 米以内的范围。他一边哭一边重复说："这太危险了！"他的母亲坚持要把他带回家。第二天，我问他为什么害怕火，他回答说："我妈妈害怕被烧到。"现在回顾这次经历，我知道了了解风险并利用知识提供建设性的学习机会是多么重要。如果是现在，我会邀请这位母亲留下来观摩我们的做法，希望他们俩都能学会放松，因为他们应该明白，我们的首要任务是保护每个人的安全，同时教儿童敬畏火，不玩火。这是教儿童有关生活中的危险，并为未来的行为奠定坚实的基础。

正如埃尔南德斯（Hernandez, 2010）所说，儿童越早面临风险、识别风险并有机会采取适当的行动，他们就越能做好准备应对现实生活中的危险情况，并解决未来会遇到的问题。

十三、正确地看待风险

不论我们是否同意，值得注意的是，英国皇家事故预防协会（Royal Society for the Prevention of Accidents，以下简称 RoSPA）在 2007 年提出，儿童偶尔从树上掉下来摔断手腕，要比他们由于玩电脑游戏而造成的重复性劳损（repetitive strain injury）要好。该协会休闲安全主管彼得·科纳尔（Peter Cornall）说，"儿童在刮破膝盖、擦伤肘部和撞破头的过程中会学习弥足珍贵的终身经验，他们会认识到未来自己如何避免伤害。"在为儿童和年轻人举办的数百万项活动中，每年只有 2—3 人死亡，其中只有一例与活动本身直接相关。因此，我们可以看到，旅行、参访和活动是相对安全的。根据英国国家统计数据（UK National Statistics，2014）显示，造成 15 岁以下儿童意外死亡的首要原因是道路交通事故。

奇怪的是，正如斯蒂芬·莫斯（Stephen Moss）在《自然童年》（*Natural Childhood*）中所指出的那样，全社会试图使儿童更安全的做法，却产生了相反的效果。颇有讽刺意味的是，根据儿童警报数据，[①] 迄今为止儿童最危险的地方是在家中：

每年有 100 万 14 岁及以下的儿童去急诊科就诊：3 万人有中毒症状，其中大部分是因家庭清洁产品所致，5 万人是因为烧伤或烫伤。

每年有 50 万名婴幼儿在家中受伤，其中 3.5 万人是由于从楼梯上摔下来造成的。

平均每年有 10 名儿童死于从窗户或从阳台坠落，而房屋火灾造成的伤害占儿童致命事故将近半数。

据英国皇家事故预防协会（RoSPA）首席执行官汤姆·穆拉基（Tom Mullarkey）等健康和安全专家报告：

与我们的直觉不同的是，管理者和决策者挑战风险规避的关键是平衡风险评估的应用。只有通过客观的分析，才能将一个活动的益处和机会与它们出错的可能性进行权衡。事实上，我认为这一术语应该更改为风险—收益评估。通常来说，如前几代人从经验中学到的那样，精心计划的锻炼导致的事故确实非常罕见。相反，它最有可能

[①] 此处所指"儿童警报数据"出自儿童警报基金会（Child Alert Foundation），该基金会是美国于 1998 年创设，并在全美建立第一个全自动化的警报通知系统，以应对儿童失踪或被绑架问题。——译者注

带来一种进取感、愉悦感和成就感,这对成熟、判断力和幸福感至关重要,这几乎能抵消其他的、不可避免的风险。简言之,英国皇家事故预防协会的准则是:我们要努力使生活保持必要的安全,而不是尽可能的安全。

(RoSPA,2010)

十四、总结

从这种具有冒险性和挑战性的活动以及各种游戏的体验中发展的技能和学习会让儿童受益一生,因为它们创造了儿童自主选择的学习情境。这样的情境对每个儿童来说都是新的、不同的,教师和父母需要提供空间、设备和机会,让儿童参与并感兴趣,创造在更安全的范围内了解风险的必要机会。

风险评估夯实了儿童和年轻人发展风险、挑战与冒险的高质量经验的基础。它不能被忽视或回避,而应被视为确保儿童安全和幸福感的严格且必要的过程。教师需要了解危险和风险之间的区别,这与在日常良好实践中认识风险和挑战的真正好处是相对应的。风险评估的范围和类型多种多样,但实施可靠的风险评估是必要的,因为它是风险、挑战与冒险良好实践的基础。

第八章　通过探险和参访增加冒险性活动

一、引言

本章的重点是通过带领儿童到当地社区进行教育参访，让儿童自己探索、建立联系和发现事物来发展风险、挑战，尤其是冒险；阐述了教育参访的价值和益处，讨论了教师如何选择参访的地点、探险实践的可能样式，以及如何围绕需要进行思考——去哪里以及带什么等方面的内容，计划一次探险。最后，本章探讨了将具有特殊技能、作用和才能的来访者引入机构的有益经验和实操策略，从而拓宽儿童的视野，拓展他们的兴趣和技能。

二、教育参访的价值和益处

自先驱者时期以来，学校和机构就已带儿童走出"边界"，为他们提供进一步的经验。苏珊·艾萨克斯在《儿童的智力发展》（*The Intellectual Growth of Young Children*）(Susan Isaacs, 1930: 288-89) 一书中描述了带儿童外出参加她所说的"远足"和"一年四季"的活动。时至今日，教师们仍然这样做，旨在提升儿童学习的价值。

三、儿童是自然探索家

蒙台梭利认为，儿童是天生的"小探索家"。儿童与生俱来的好奇心是每一次探险的原初动力和起点。他们可以通过和教师谈论自己的兴趣，从而在某种程度上参与计划探险，并有机会通过识别可能有益的经验，进一步拓展他们的学习。探险可以"满足"儿童天生的兴趣和动力，正如斯通豪斯（Stonehouse，1988：13）所描述的，儿童是"不知疲倦的探索者、发现者和科学家，在他们醒着的大部分时间里都在研究他们周围的世界"。

艾萨克斯（Isaacs，1932：170）认识到从当地开始探险的重要性，并关注能够吸引儿童兴趣和好奇心的社区特征以及可能产生的益处。她指出，儿童对他们周围的事物和人的"自然兴趣"——街道、市场、花园、铁路以及动植物世界——可以作为一种拓展他们的思维和问题解决能力的一种途径。她认为，"远足"是一种很好的方式，是儿童"获得对周围世界一定程度理解的方式，因为他们必须生活于其中，并且安全地生活"（1932：120），需要将这种环境教育与教儿童关于风险和危险的内容联系起来（1932：113）。她还强调，教育参访应该"在一年中的所有季节都安排"。

对了解的渴望，超越了对身体生存的实际保障。它源自儿童最深层的情感需求，也源于充满智慧的儿童的真正的激情。儿童必须了解和掌握这个世界，这样才能获得安全感。

四、提供新的体验，拓展儿童的视野

探险本身提供了走出去，走进世界的挑战。对一些儿童来说，这种机会可能极为有限，而对另外一些儿童而言，也许是一种充分而频繁的体验。在生活中缺乏丰富经验的儿童，如果在面对新的挑战时得到适当的支持，他们更加会从中受益。这些儿童可以从一个简单的大巴车旅行中获得丰富的经验，或者通过探究从送货到销售的过程来了解商店是如何运作的。

参访剧院的案例研究

一小组充满自信的、会双语的4岁儿童观看了当地儿童剧院的一场演出，演出的作品是加布里埃尔·加西亚·马尔克斯用西班牙语创作的有关昆虫的诗歌。看起来挺令人惊叹的。这个小组沉浸于研究昆虫，观看演员在黑暗中扮演巨大的昆虫，朗诵西班牙语诗歌。他们十个人中只有四人以西班牙语为第一语言。

这次参访帮助儿童建立了对不同背景和文化传统的理解，也使最初由儿童发起的活动主题得到了发展。

五、丰富的学习机会

探险可以帮助儿童欣赏和理解他们的社区及其所在的地方,使儿童能够通过对建筑环境、自然世界、博物馆、画廊以及剧院等的特殊体验来探索课程的特定领域。这些以环境为中心的参访可以激发创造力,并从社区中一个非常简单的起点发展综合性学习。

案例研究

一组能力不同的儿童对海德公园里的一个柳木象家族进行了探访,以此来了解亚洲象生存的困境。这些不能移动的"生物"的大小和比例完全可以让儿童躲在成年象的肚子下面,他们对大象家族成员数量和它们之间大小的不同感到惊奇。这种动手操作的数学学习引发了我们回到幼儿园进行大量的测量活动,以及运用各种媒介创作大象或人类家庭的绘画和模型。参加这次探访的父母对儿童如何将大象家族与自己的家庭联系起来特别感兴趣。

一次探访为帮助儿童了解动物和体验自然提供了一个难得的机会,也让他们开始与自己比较,探索他们可能的未来。正如布鲁纳(Brunner,1977:17)在谈及螺旋式课程时所说:"学习应该把我们带到某个地方;它应该能让我们今后更容易地走得更远。"因此,这也是一个为儿童提供一些基本知识的机会,这些知识可以通过后续活动进行转化或拓展。这一点在对莱顿屋博物馆的探访中体现得尤为明显,该博物馆展示了莱顿勋爵收集和绘制的许多艺术品,同时儿童还看到了一个漂亮的伊斯兰风格的瓷砖装饰的房间,里面有一个中央水池。儿童立刻安静下来,在成人的指导下,静静地在水池周围停下来。他们直觉地感到,这是一个值得尊重和沉思的地方。他们对印有骆驼、海枣树和阿拉伯文字的瓷砖的产地——一个珍视每一小池水的环境感到谦卑。

儿童与环境中的人和事物互动时,会逐渐发展出一种对环境的掌控感和自我效能感。他们获得了知识、技能和实际生活经验,因为探究提供了一个更广泛的范围,并帮助他们发展自我胜任感。成人通过扩展创造性和文化观念,通过重视和拓展儿童的社会、语言、身体和智力思维技能,从而提高儿童的学习能力。在大多数与儿童一起进行的探索中,学习的关键是基于强大的社会元素——儿童、父母、照护人员或工作场所成员之间观点和关系的互动。同时，在这个过程中，也会有一些意想不到的机会，当机会出现时，成人可以最大化地加以利用。

六、儿童和成人一起学习

探险不仅让儿童探究和学习，也让成人学习。父母、教师和儿童一起学习，了解儿童以及他们如何应对新的体验。

七、有个体需要和兴趣的儿童

对于有个体需要的儿童以及那些在某方面特别有能力或特别感兴趣的儿童，探险的益处尤其明显。例如，一个对建筑着迷且有天赋的儿童可以获得深入的了解和词汇发展，并有机会通过与提供支持的关键人去当地教堂进行专门的探索来拓展自己的绘画技能。同样地，一些发展迟滞但对旋转模式有明显兴趣的儿童，可以通过参观"伦敦眼"来体验巨大规模的旋转。对于一个大组而言，成本太高，不可行，但对于2—3名儿童来说，互动质量会"物超所值"。

从上面的例子中我们可以看出，探险的益处各不相同。总的来说，可以归纳为：

- 一种基于儿童真实兴趣和需求的探究性方法。
- 有助于培育好奇心，发展同伴互助学习。
- 能提供丰富的经验和学习，能适应不同的地方。
- 要以适宜性发展的方式积极参与。
- 有创造性的机会且遵循儿童的想法，可供儿童讨论学习并以不同的方式进行表征。
- 能够加强和拓展从家庭或机构中开启的学习。
- 鼓励并让父母/照护者积极参与学习，培养与父母的伙伴关系。
- 培育一种对学习过程的高期望感和愉悦感。

八、课程层面的思考

在计划探险时，课程是应考虑的核心要素。维果茨基（Vygotsky，1962）将儿童描述为"学徒"，并强调学习的社会环境对帮助儿童在最近发展区发展更高水平的能力起到重要作用。在探险中，教师常常感到惊讶，成人很少给予示范和鼓励，但儿童却能很好地应对冒险的挑战。儿童迎接了更大期望的挑战，在实地的交流和绘画中产生了丰富而有趣的理论和推理。他们对自然界的探索与斯坦纳（Steiner）提出的原则相似，精心规划的环境很重要，但要考虑所提供的经验不仅能发展智力和身体，而且还能培育精神。在威尔金森（Wilkinson）的一本关于斯坦纳的书中，这样的儿童被描述为能够"接受环境"并"吸收环境"（1980：6）。如果"对的探索"与"对的儿童"相遇，这种接受和渴望理所当然是可以实现的。福禄贝尔强调语言以及通过讨论进行交流的重要性，让儿童能够思考世界和环境。这些观点对早期基础阶段课程非常必要，教育访问有助于提升儿童有明显需要的学习领域。布鲁纳（Bruner）引入了"鹰架"的概念，提供了一种有序教学法，这在探索中体现得非常明显。例如，一名儿童描述了在幼儿园里看到和听到大街上的消防车，以及玩玩具消防车时的激动心情。教师基于这种兴趣组织了一次去参访真正的消防站的探究活动。孩子们爬上消防车，尝试使用软管。然后，在幼儿园对这次探究进行了延续和深入，通过利用花园软管开展的表演游戏、燃烧坑里的真火，以及各种富有想象力的游戏、故事和图书制作来探索新的想法。

九、参访的构成有哪些？

苏珊·艾萨克斯描述了一系列的参访活动，包括划船、蹚水、购物、野餐、观察建筑工人、观摩架桥工程、煤气管道维修、参观铁路，参访邮局、银行和消防站，以及游览教堂、博物馆等。参访就是"到学校以外世界的旅行，它提供体验、探究以及与新的人、资源和机会的互动"。它必须包含合理的挑战和"安全"风险的要素，以便相关个体能体验到"心流"或者欣喜以及学习的兴奋感（Solly，2002）。参访是关于真实生活的，是儿童进入成人世界的一种方式，在这个过程中，可供学习的东西有无限可能，而这在机构内是难以实现的。

机构应该有明确的制度和程序，带儿童走出常规学习环境的边界。在切尔西露天幼儿园，我们从普鲁·西奥博尔滋（Prue Theobalds，1990）创作的儿童故事《泰迪熊大探险》（*The Teddy Bear's Great Expedition*）中抓住了"探访"这个词。这本故事书和"探访"这个词传递了一些信息：带这么小的儿童走出相对安全的环境，所需要提供的照护、计划、风险、评估、沟通、合作和组织。

十、带儿童去哪里？需要考虑什么？

可以带儿童去许多不同的地方，此处无法一一列出。出发点应以对儿童的兴趣和需求的观察为基础。然后与其他教师交流，询问家长和社区成员的想法及关于当地的知识，观察你的周围，创造性地思考哪些方法可能会很有效。简单实用的往往是最有价值的，比如站在跨河桥上。教师可以考虑将以下清单作为起点：

- 博物馆、展览馆、图书馆、市政厅和医院等公共建筑。
- 著名的古建筑及其结构，如桥梁、塔、城堡和壮观的古宅。
- 商店、超市、露天市场、旅行社和银行。
- 运动场地、开放空间、山丘、海滩、公园和花园。
- 自然环境和社区设施。
- 与学习、图式和兴趣有关的不寻常的设施，如车轮、建筑物和火车。

教师需要亲自探索这个地方并进行讨论，因为有些地方可能不适合儿童或不适合采用参访的方式。一旦商定了可能开展的参访，建议由指定的首席教师（lead practitioners）提前进行熟悉参访，以便考虑实际的安排，如交通、时间、厕所、用餐、外套和设备的储存，以及儿童实际会做什么、会学到什么。也有可能需要安排现场工作人员提供支持。

机构应该对参访的整个过程进行规划。通过召开保教人员会议以制定并达成一项探险制度是一种比较高效的方式。探险制度应提纲挈领地说明在带领儿童外出之前、期间和之后必须实施的程序，以及应对儿童走失的应急程序，除非在其他部分已经说明。应使用明确的、正向的语言来表述不可协商的要求。

教师带儿童外出探险，以增加他们在这个世界中的学习价值，并发展生活技能。

这也是为什么教师应该通过强调每个儿童在"照顾自己长大"、洗手和其他自助技能方面发挥的作用以及每次探险的主要学习目标,严格地教授道路和个人安全。班尼特等认为,"学习是一个深思熟虑的过程,儿童需要有意识地知道到他们在做什么,在学什么,要理解什么,以提高认知能力"(Bennett et al. 1997:123)。

十一、实践中的探险是什么样子

探险可能需要去当地的博物馆调查儿童对如鸟类等特定主题的兴趣。之所以去博物馆观察不同类型的鸟,是因为儿童在幼儿园里喂养它们所需要的场地太大了——需要仔细考虑,以确保探索的焦点在时间上可控,又对参与的儿童有意义。若不考虑这一点,这个小组可能会四处游荡,不知所措,从体验中收获甚少。例如,一个比较小的主题,观察鸟类如何飞行,将会生成一个探索的焦点,通过提供充分的安排,在实际可行的时间内实施,以确保每个人的学习都能在体验中得到满足。

在实施过程中,教师已经确定了儿童的特殊兴趣,并通过在机构中的活动看到可能发展和拓展的线索。这包括借助小说类和非小说类书籍,通过互联网或实际操作的方式,喂养鸟类或在鸟食台上记录来访的鸟类。在某些情况下,儿童可能还会通过参观展览、野生动物园或在动物园观看鸟类飞行增强兴奋感。在博物馆(与馆长进行了一些预咨询),可以检查和处理不同类型的鸟类标本(包括不会飞的鸟)和翅膀。这可能会引发儿童对航行和飞翔以及鸟类和飞机为什么不会从空中掉落产生更浓的兴趣。然后,还可以把学习延伸到一个科学博物馆,了解更多关于飞机和飞行员的知识。

一次探险可能源自机构/学校中使用的激发物。例如,我们向对猫感兴趣的儿童展示了亨利·卢梭(Henri Rousseau)1891 年创作的油画《热带风暴中的老虎》(*Tiger in a Tropical Storm*)。之后,这又引发教师带着一小组儿童去国家美术馆探究威廉姆·荷加斯(William Hogarth)1742 年创作的油画《格雷厄姆的孩子们》(*The Graham Children*),这幅画中有四名儿童和他们的猫以及笼子里的鸟。在了解两幅画背后蕴藏的真实的细节之前,鼓励儿童从自己的视角讲述画中正在发生的故事。在去美术馆的路上,我们还停下来对纳尔逊圆柱(Nelson's column)脚下的狮子雕像进行了探索和绘画。老虎的版画、美术馆的油画和狮子的雕像都为猫的主题增加了更多的知识和乐趣，这个主题持续了近六周的时间。

同样，探险也会带领对通信技术感兴趣的小组步行去当地的商店和企业。通过观察购物区内的一些有因果关系的现象来培养儿童的观察能力。例如，按下按钮就会打开或关闭一扇门。一个小组调查了切尔西露天幼儿园附近几条街道上通信技术的多种应用：交通灯、自动门、收银台和付款机、银行自动取款机等。其中还包括一名路过的交通管理人员，他正在使用一台小型手持电脑记录汽车车牌。他非常积极地回应了儿童关于机器的兴趣，并向儿童展示他在做什么。在回到幼儿园后的一个多星期的时间里，儿童使用废旧材料创建了自己的交通管理记录箱，非常迅速地对违规的玩具车辆开出交通违章通知单。

可以通过与当地企业合作，进行一系列其他的探险，比如去当地的超市了解从送货到结账的过程是如何运作的。我们参观了当地的一家百货公司，观察、绘制和讨论他们大楼的屋顶景观，以拓展儿童对音乐电影《欢乐满人间》（Mary Poppins）中的歌曲《伦敦屋顶》（Rooftops of London）的兴趣。

把儿童和成人带到社区，那里蕴藏着丰富的创造性和灵感。我曾经听说雕塑家安东尼·戈姆利（Anthony Gormley）把美术馆和博物馆比作"实验室或宝库"，他指出儿童认真使用这些资源时，它们会发挥催化剂的作用。在对当地社区"宝藏"体验的过程中，也可以发掘丰富的价值，如步行前往街角的商店、面包店、桥或邮局，这些都可以激发新的学习。

十二、计划一次教育参访

需要考虑什么

从儿童的兴趣出发，考虑哪些是可行的，哪些会为他们的学习增值。教师应思考以下问题：

- 我想带儿童到哪里去？
- 这次探险为了谁？
- 在现有的时间内，哪些是可行的？
- 儿童可以学到什么？

- 它是否与儿童的身心发展相适宜？
- 距离、成本、天气、师幼比等合适吗？
- 我们需要多长时间？
- 我们如何往返？
- 谁会陪同我一起？
- 在我们支持和加强潜在的学习效益之前，可以提供什么经验？

在根据观察到的儿童兴趣和需要决定去哪里后，就要考虑哪些人参与。有许多儿童参加外出参访，其中包括大组。5 岁以下儿童，一组不超过 10 人，可能效果最佳。因为这种规模的探险可以量身定制，更有针对性，可以满足这些儿童的兴趣水平以及学习和发展阶段。教师应该避免成人"现成的"（off the peg）的主题主导探险，现成的探险主题适用于在为许多学校提供校外参访的专门机构。

当参观一栋建筑时，一般会为学校团体预留一个房间，但年幼的儿童可能会在一大群儿童中不知所措，甚至迷失方向。请记住，为你的团队留出一个角落或特定的区域，用来存放外套和背包。许多室外场馆通常没有类似的设施，因此建立一个营地/集合点是很好的做法。

可以这样做：

- 进行书面的外出参访风险评估，并特别注意考虑所有的高风险和中风险。
- 慎重考虑你计划带哪些儿童参加，以及这次探险与儿童的身体发展水平是否相适宜。
- 如果你没有儿科急救课程的指导手册，无论你去什么地方，请务必携带一个基本急救箱，里面有英国红十字会或圣约翰救护机构应对割伤、擦伤以及蜇伤等的建议。
- 为儿童/成人准备基本药物，并附明确的使用说明。理想情况下，这些应该放在每个人携带的腰包里。
- 带一个口哨和几部手机。儿童应该清楚，当哨声响时就应立即回到营地，这是在走出幼儿园之前你应该教他们并且练习的第一件事。
- 带一份附有必备的/紧急联系电话号码的完整名单。
- 确保所有在水附近的玩耍都得到妥善的监督。
- 提醒儿童之间、成人之间要相互照顾，不要脱离集体，不要与陌生人交谈，除非有一名教师陪同。
- 让儿童练习和成人（教师或父母）待在一起，不要分开。告诉他们如果迷路了该怎么办。
- 强调没有教师的允许不能吃任何食物，如水果、种子、坚果，或者是其他植物。
- 在非常热闹或广阔的场所借助特别服装或丝带进行识别。

去哪里以及什么时间去

一个合理的准则是尽可能在当地参访。这对儿童和家庭更有意义，既能节省费用，也可以避免儿童在长途旅行中睡着或生病。在去参访地点的路途中注意观察周围，通过与居住在当地的同事/家长交流以及互联网搜索，找到在当地儿童可能感兴趣的地方。

图8.1　参访长江码头　句容市下蜀镇中心幼儿园拍摄

教师还需要考虑参访的时间长度，根据表演/开放时间、日落时间，以及该特定儿童小组在这个时间段内可以实现的目标来确定。如果机构定期外出参访，那么将参访的时间延长到儿童真正可控范围之外的要容易一些。参访时间的长短最终将取决于儿童的注意力集中程度和能引起他们兴趣的可用机会。务必记住，带儿童外出对于参与的成人来说也是一项艰苦的工作，所以最好在儿童的学习兴趣和状态开始消退前择机离开，而不是等到每个人都筋疲力尽而难以步行到公交车站时才结束。

需要携带哪些物品

每个儿童都应该有适合天气和探险的鞋子、帽子和衣服。如果参访一整天，应检查儿童和成人是否准备了便于携带的装有合适的食物和饮料的背包。准备备用的背包和合适的防风衣服（包括给父母和教师的），因为难免有人会忘记带衣服。

除此以外，请确保随身携带以下物品：

- 备用衣物（包括为应对意外事故的内衣），比如不小心坐在鸭屎上。
- 急救箱，虽然现场有一个，但应预防有人可能在中途绊倒受伤。
- 准备点心，包括水和塑料杯，以防有人忘记带或水过热。
- 准备纸巾或洗手液以应对上述所有情况以及吃东西前所需。
- 一套装有纸、铅笔、昆虫放大镜等材料的冒险包。这些应根据探险需要而定制，但绘画材料确实可以帮助儿童记录自己对探险体验某些看法。
- 使用照相机或录像机再现探险过程，以便回到机构后进行进一步的学习。
- 两部手机和详细的联系名单，以防一部手机出故障或有人因疾病、紧急情况或类似原因不得不把一个儿童带回去。
- 支付成人票和用于紧急情况的经费。
- 在某些情况下，豆袋、绳圈和防潮布可能是有用的补充。

十三、有关父母参与的事项

很难预估一些儿童和成人在外出探险时的兴奋程度，在少数情况下，焦虑的程度也同样如此。许多家长非常热衷陪同探险，因此，花时间向他们解释学校/机构带儿童去社区的理念和实践是值得的。这既能让父母明白其中蕴含的巨大的学习潜力，也使他们乐意承担助手/陪伴者的角色，理解参与的责任。同时，这也有助于向父母解释，从探险中获得的学习如何在机构继续拓展，以及如何在家里通过照片等活动记录相册或由他们带儿童在其他时间进行进一步的探究。陪同探险的父母，如果带着弟弟妹妹是不明智的，因为陪同时需要集中精力，一边陪同，一边又要追逐蹒跚学步的幼儿或帮婴儿换尿布肯定是不合适的。尽管父母会觉得有些为难，但他们应该理解探险是一种教育之旅。带领探险的教师应该鼓励父母和照护人员分享他们的担忧和问题，否则这些问题可能会叠加。如果父母真的想参与探险，他们可以把弟弟妹妹托付给亲戚或朋友临时照看。虽然这没有法律性要求，但为所有父母接受警察以安全保护为目的的检查提供了一个不错的做法，这样他们就可以定期作为陪同成人参与不同的探险。

所有参加探险的儿童家长都需要接收一封根据"熟悉参访"时收集的信息而形成的信。这封信应清晰明确并富有建设性,包括以下内容:

- 描述探险的预期及学习意图。
- 日期和具体时间。
- 成人与儿童的比例。
- 交通方式。
- 食物、饮用水以及服装要求。
- 所有的花费。

请父母签署一份同意回执,以此表明他们愿意作为一名协助的陪同者。还可以为定期在附近的散步创建一个常用许可回执,以减轻管理工作。

在完成"熟悉参访"后进行风险评估时,应根据儿童的类型考虑成人与儿童的比例问题。1∶2的比例可以增进儿童的学习体验,但也有一些有个体需求的儿童需要一对一的支持才能受益。最理想的探险一般是每次4—10人的小组。保留原始名单,轮换儿童,以确保儿童全年都能体验适合他们个人的探险。教师的讨论将确定儿童最喜欢的学习方式、同伴关系、兴趣和需求,并以此来决定合适的分组。

在儿童准备上厕所、穿外套和背包的间隙,向所有的助手/陪同者做一个简短的情况介绍。情况介绍应对如下方面进行说明:

- 要去哪里探险。
- 将如何到达参访现场,以及任何有关公共交通的注意事项。
- 有哪些可用的设施,包括成人厕所。
- 若可以,确认成人是否有午餐、饮用水、紧急资金以及旅行卡或车费。
- 儿童要做的事情以及如何给予支持和拓展。
- 鼓励积极行为的方式和方法。避免儿童走失,以及在发生不可预见的情况时应该怎么做。
- 列举常见的儿童回答,以及如何运用开放式的提问和评论来拓展他们的学习。
- 在返回学校/机构的路途上会发生什么。
- 为其他问题留出时间。

克里斯·帕森斯（Chris Parsons，1995：16-18）提出了很多方法让家庭参与他所说的"联合学习冒险"（a joint learning adventure）。这些探索活动主要是有关博物馆的。研究发现，父母带领的儿童小组使用了一种类似于家庭参观博物馆的社会互动方式。相比之下，教师带领的儿童小组使用了更多的基于学习内容的更正式的灌输的方式。监护人依赖信息标志、博物馆指南和共同探究，继而促成了"关系建立"①（Relationship Building，RB）。家庭组不同于监护人组的唯一区别是他们缺乏"历史"，以前没有参观过博物馆。福尔克和迪尔金（Falk & Dierking，1992）发现，这种共享记忆或"联合记忆"（joint memory）被保留了15—20年。

当把儿童分别带到不同的地方进行探险时，父母可能会觉得有一些不公平。教师需要告诉父母，让他们理解所有的儿童都有机会外出，但因种种原因，会在不同的时间去不同的地方。教师对计划进行微调至关重要，这可以为探险提供鹰架，提高达成度，以支持和拓展特定个体和群体的游戏和学习。教师有必要向家长解释，儿童在外出探险之前已妥善安排。这给了教师有时间来了解他们，并为他们的孩子提供合适的探险。

所探索的环境本身并不等同于老师，只是催化剂，它帮助教师和父母实现儿童学习（有时也是他们自己的）的目标和意图。盖伊·克拉克斯顿（Guy Claxton，1990）认为，"学习总是需要对你相信或已经知道的内容进行改进。"如果儿童（间接包括教师和父母）在探索中获得新的挑战和新机会去努力（从教育学的角度而言），他们将以已有的学习为基础，面对挑战，调整适应，解决问题。

十四、把来访者请进机构

在儿童早期，刺激和拓展学习的另一个方面是来访者。来访者拓宽了儿童对背景、传统、性别以及适合他们的榜样认知。来访者可以为儿童提供了解他们的生活和工作、兴趣和爱好的极好机会，可以建立儿童的自我价值感和信心，增进他们对当地社区、更广泛社会的理解，以及对社会多样性的尊重。他们的访问不是临时的、随意的，而

---

① 关系建立是指与有助于或可能有助于完成工作相关目标的人，建立或维持友善、温暖的关系或联系网络的能力。这种能力还被理解为建立网络、资源利用、开发人脉、对顾客的关切、建立融洽的关系的能力。——译者注

应像探险一样,通过精心计划来链接和扩展儿童的兴趣、需求,并为全年的模式增加价值。来访者包括那些帮助我们的人,比如市长、理发师、警察或整形外科医生,以及有特殊技能、经验、残疾和有一定爱好的来访者,比如小提琴制造师、退休人员、盲人小说作家、会用钩针的祖母或当地艺术家。此外,还包括一些日常生活中随机事件,比如一对婴儿洗澡,或者路上遇见一匹警马或一个起重机司机,然后在远处看着司机操作起重机。

让来访者进入机构的好处包括:

- 形成积极的关系。
- 认识不同的人在工作和社区中所承担的角色及所做的贡献。
- 从不同的行为榜样中学习反歧视的态度。
- 建立对自己和他人文化的理解。
- 建立团体意识,培养归属感。
- 开始培养对他人的尊重、礼貌、兴趣、欣赏、同理心和对其需求的敏感性。
- 开始向陌生人提出合适的问题,并倾听回答。
- 参与对话,学会倾听不那么熟悉的声音。
- 开始从另一个角度看待事物。

十五、课程的价值

儿童在课程中所取得的进展显而易见。沟通和语言能力可以从这些实际情境中的谈话和倾听中获益良多。之后,他们回到机构,可以与读写和计算相关的活动联系起来,如早期书写、计算和记录。在建立人际关系、行为、自我控制、培养自尊以及获得蓬勃发展的机会方面,在"个性、社会性和情感发展"领域都有着清晰的课程联系。通过了解他们所生活的社区和地区,在"理解世界"领域也有许多明显的进步。可以通过学习个人安全、道路安全和卫生知识,以及通过会见医疗和护理访问者来加强"身体发展"领域。除此之外,还会通过跑步、攀岩和踢足球来激励儿童积极锻炼。舞者、诗人、艺术家、戏剧创作家、音乐家和雕塑家有助于"表现性艺术"领域的发展。

与来访者共同在机构工作

来访者应得到至少一名具有针对不同能力/混龄小组全天工作经验的教师的协助与支持。这有助于儿童集中注意力，有效参与其中，并避免压垮那些可能不熟悉儿童学习和发展需求的来访者而使他们产生挫折感。这样教师就有机会观察和记录儿童与另一个成人的互动或参与一种新的体验，再通过后续的活动进一步扩展他们对儿童的了解。

来访者参与时的实用技巧

为确保安全和实施发展适宜性实践，在计划邀请来访者参与时，应考虑以下措施：

- 以机构/学校的名义起草一份明确的声明或制度，以此作为让来访者参与学习的基础。
- 建立保护经常性来访者和监督"一次性"来访者的制度。
- 告知父母有关这次参访的情况。
- 商定由哪些教师进行初次联系。
- 安排一次熟悉访问，讨论来访者如何支持儿童的学习、兴趣和需求。
- 讨论使用合适的语言和提出问题。
- 计划访问的日期、时间和持续的时长。
- 认可空间、所有设备以及任何风险评估的要求。

与来访者一起工作的教师的工作职责

良好的实践应包括以下内容：

- 提前计划和妥善安排参加特定活动和节日的来访者，并预先做好与年度计划的链接。
- 欢迎、支持和感谢来访者。
- 确保始终遵守安全、监督和保障程序。
- 为儿童树立热情地回应来访者的榜样。
- 为来访者提供点心和舒适的休息区。
- 通过风险评估和行为管理，对所有健康和安全问题负责。
- 实施后续安排，包括感谢信、发票，并通过观察、展示和简讯/网站报道，告知家庭这次访问的价值。

十六、总结

对儿童来说，探险和来访者是有关真实生活的一种互动。如果教师能够仔细周全地计划、准备和实施这些教育活动，对儿童来说会带来很多益处。它们增强了儿童积极的情感和更具体的学习体验。从探险和来访者那里获得的经验超越了日常教育的价值，因为它们让儿童有机会享受和参与有关生活的学习。

第九章 处理担心的问题

一、引言

人们对风险、挑战与冒险仁者见仁，智者见智。本章将聚焦儿童、父母/照护者和教师的观点，因为这很重要，需要认真对待。本章重点关注父母、教师和儿童特别担心的问题，分析了这些问题产生的可能原因，以及解决这些问题的实际做法，以确保儿童能够持续获得积极的学习经验。最后，讨论了一些最常见的问题，以及如何实际地应对。

二、父母担心的背景

父母的关切和担忧是个别化的，这源自他们自身以及每个儿童的独特性。需要认真地对待父母诸多的担心，因为他们对各种危险的恐惧可能会通过限制儿童的游戏和学习而产生影响。

对于在20世纪50年代和60年代养育孩子的父母来说，涉及风险和挑战的冒险游戏是很自然的。不过，在那时父母更有可能在家或在家附近工作，如果儿童需要，他们方便给予帮助。自那时起，社会对户外游戏的看法发生了根本性的变化，导致儿童或年轻人在户外活动中发生的任何可怕的事故，都会通过媒体引起轩然大波。也许，这会让父母们觉得，世界已经开始伤害他们的孩子，必须让孩子远离这种潜在的伤害。家庭生活也发生了显著的变化。自20世纪70年代以来，儿童的"活动半径"（允许他们在家周边漫步的区域大小）已经大幅减少。由于父母的担心和社会对儿童养育的看法，在街头或公园里玩耍已不再是许多儿童的常态。

新手父母甚至在孩子出生之前就忧心忡忡。一旦孩子长大到可以离开家，和其他儿童一起玩耍，向更多的成人学习时，处理他们的恐惧就会带来巨大的压力。这是正常的，因为每个孩子和家庭都是独特的，他们的恐惧也会存在很大的差异。

缺乏经验往往会导致新手父母犹豫不决，他们可能会被朋友、媒体和专业人士说服，只有安全的和受限制的游戏对于他们的孩子才是切实可行的。与专业的社会护理人员打过交道的父母可能会非常谨慎。有时，他们在询问儿童在幼儿园发生的每一处青肿或擦伤的原因时反应强烈，因为他们认为这样自己的养育方式就不会受到质疑。这些成人的担忧可能会直接或间接地转移到儿童身上，使他们害怕、害羞或不愿参与。儿童会凭直觉意识到自己的重要他人什么时候害怕。"一个快乐的孩子就是一个会学习的孩子"是我们耳熟能详的话，但一个快乐的儿童需要快乐的父母逐渐给他们松绑。

父母可能不希望孩子参与自己眼中危险的活动和体验。这可能是受他们自己的经历或养育方式的影响，他们的文化、宗教、性别或对如何提供保育和教育不够熟悉。了解父母以前的经历，最近家庭里发生的变化，如失去亲人，以及他们的教育经历，将为教师奠定与父母共情的基础。刚刚分居或配偶入狱的父母可能会直接拒绝把孩子托付给另人。有些父母会对冒险性的游戏保持谨慎，因为他们小时候的受伤经历或在非常正式的环境下所接受的教育，使他们对孩子寄予同样的期望。有些父母则希望他们的孩子能有非常不同的成长经历。一些难民或寻求庇护的家庭几乎失去了一切，因此他们的孩子更加珍贵。那些由于试管受精、怀孕困难、重病、早产或分娩困难等情况出生的儿童也是这样。那些有特殊教育需要的人也是如此，因为他们可能会认为，他们需要受到保护而免受伤害。对于上述这些情况，父母更加担心是完全可以理解的。教师要用自己的专业技能和耐心，逐步支持并增强父母对孩子在经过精心计划、风险评估的环境中，在有训练有素的教师等条件的保障下体验安全风险和挑战的信心。

还有一些不便解释的担忧，比如分居、离婚、家庭暴力或精神疾病。对一些父母来说，望子成龙、望女成凤的愿望可能会导致他们过度追求充实活动（enrichment activities），以致当儿童有自主活动的机会时却茫然不知所措，并可能因此陷入严重的危险之境。

三、如何缓解父母的担心

当教师花时间向父母解释儿童如何学习，以及机构的制度和程序如何支持儿童的安全、快乐、学习和幸福时，许多父母可以消除疑虑。就冒险性游戏对他们孩子学习的好处，以及为什么提供某些挑战和冒险的机会，向父母做一个简洁而明确的说明，这有助于支持他们的理解。对于家长个性化的问题与想法，我们需要花一些时间，因为这些想法会对每个儿童产生不同的影响。这并不意味着教师必须承诺不会发生事故，而是明确如果儿童发生事故该怎么办，或每天在开展活动之前对场地和资源进行风险评估及所采取的措施。

改变思想观念非一日之功，这是一个渐进的过程。在父母变得更加自信和放松的同时，儿童亦是如此。这会促进教师更加自信地成为这种三方关系的一分子。一旦儿童有了信心，教师就可以通过向父母展示儿童爬树的照片或视频或做父母觉得担心的事情来进一步加强这种关系。通常父母们会说："他们可能会摔倒。"而教师们可能会说："看看弗雷娅攀爬和平衡多么棒。"

随着父母与教师关系的发展，父母将开始讨论、学习更多，真正理解和重视冒险性游戏和挑战性学习的机会。清晰、持续的沟通是必不可少的，机构应该清楚地说明要求，周全地考虑如衣服和鞋子等因素，因为有时会忘记，并可能对儿童造成危险。机构需要分享他们的制度和程序，关于如何利用资源、天气，以及如何提供如追逐打闹等自然的游戏体验。可以通过展示、观察、简讯和网站等途径分享更具挑战性的活动，比如如何开展玩水、木工、饲养动物和玩火等活动。向父母清楚地解释每周发生了什么，何时发生的，预期是什么，理由是什么，以及与儿童的学习和发展的相关性，这会让他们非常放心。

四、父母担心的具体问题

陌生人

"陌生人危险"是父母最担心的。我们生来就害怕陌生人。正如理查德·洛夫（Richard Louv）所说："恐惧症候群"（bogeyman syndrome）（Louv, 2005：123）在今天实际上可能恰恰其反，孩子最大的危险不是在树林、田野和公园里，而是在家里，大多数的儿童虐待来自受害者的亲戚、亲密的朋友或互联网。向父母进行解释，增强他们对机构的保护和审查程序的信心，必要时教师可以展示他们是如何工作的。父母需要了解机构如何通过使用访客登记手续、证件和门禁系统对每个进出人员进行管理，从而使他们的孩子在预约和访客方面得到安全保障。

弄脏

这是一个非常实际的问题，特别是对贫穷或资源有限的家庭有影响。教师需要向父母解释，孩子会因为玩耍而弄脏，鼓励家长准备旧的衣服、围裙和外套，以防止最严重的损坏。有必要提供洗衣机和烘干机以使一些问题通常可以在儿童回家之前就得到解决。对于特殊的场合或活动，建议家长准备备用衣服，以便孩子在脏乱环节结束后可以更换。

身体安全

首先儿童需要有安全感。如果他们的父母担心他们，这种焦虑就会转移，从而会导致一个不那么自信的儿童不愿意参与。"感觉安全"有一个层级结构，其中最基础的层次是身体安全。父母需要知道，他们的孩子是自由的，不仅不会受到环境和资源等物质方面造成的身体伤害，也不会受到语言/社会性形式的攻击，不论是行为欺凌还是情感威胁。可以理解的是，父母（和教师）首先关注的是身体安全。可以通过分享机构的基本准则、制度及程序来缓解父母的焦虑，让他们知道制度和程序为保障儿童安全和健康提供了坚实的基础，例如有关行为和纪律、急救、危机管理以及健康和安全等方面。教师还需了解每个儿童原有的技能水平。在入园时，应该鼓励父母分享孩子的能力和技能，以及他们需要加强发展的领域，特别是父母担心的领域。虽然大多数儿童不会不自量力地盲目行动，但一些有独特需求的儿童可能缺乏真正的危险意识，因此从第一天起就需要小心地进行一对一的监督。可以鼓励父母分享儿童在家里以及在周围世界中的经历。这将有助于教师创设以儿童熟悉的家庭体验为基调的环境，而不是让他们一开始就面临新的挑战。

疾病

一些父母可能会发现关于疾病的规定实施起来很困难，尤其是如果他们正在工作，而且距离比较远。任何规定都应该以儿童（以及所有其他的儿童）的权利为中心，如果他们身体不舒服，就需要和他们的亲人在一起。机构应确保家庭清楚他们接孩子的责任，让父母/照护者提供最新的联系电话，以及至少两个其他可靠和熟悉的联系人，必要时他们可以接孩子。当然，这些联系人也可以在发生事故时发挥作用。有时，家庭会无视这些要求，那就需要提醒：他们会影响其他儿童、家庭和教师的权利。如果发生严重事故，资深教师应呼叫救护车并陪同儿童去医院，留下来替代父母的责任，而其他资深工作人员应联系父母，以使他们了解发生了什么，并赶来照顾他们的孩子。

五、教师担心的背景

在儿童使用户外空间时，教师作为边界设置者或"守门人"的角色已被广泛地讨论，特别是关于父母的恐惧和焦虑对儿童身体技能和发生事故的可能性的影响。研究表明，与坦迪（Tandy，1999）的发现一致，儿童对户外空间的使用反映了他们在"父母的约束"下协调自己的愿望的方式。为了从户外获得最大的益处，儿童需要得到父母的支持和理解。有时这意味着教师被夹在中间，既要试图做对儿童的健康、幸福、学习和发展最有利的事情，同时又不希望违背父母的意愿。

六、如何处理教师担心的具体问题

实现国家课程标准要求

教师必须通过提供丰富的室内外活动和经验来实现《早期基础阶段法定框架》的要求。然而，对儿童不断快速变化的期望让他们感到信心不足和无助，即如何在他们非常多变的工作环境中最好地融入这些课程要求。教师需要运用丰富的儿童发展知识和《早期基础阶段法定框架》的原则作为他们开展一切工作的基础。通过精密观察儿童在自发性游戏中的兴趣，找到最佳的起点，提供高质量的教育，进而对儿童的学习和发展产生真正的影响。

安全以及对法律诉讼的担忧

如今，教师可以以担心英国教育标准管理局（Ofsted）的检查为由不带儿童外出。健康和安全法规有时会被误解。首先，因为他们担心会发生可怕的事情；其次，他们会被追究责任。任何以儿童的兴趣和知识为中心计划学习，并充分地执行所在机构的制度、程序和风险评估的教师都不必担心法律问题。因为教师扮演的是一个善良的和有关爱之心的父母角色，旨在确保儿童的健康、安全和幸福感。务必牢记，每个儿童都是独一无二的，在某些个别情况下，尤其是有特殊教育需要的儿童，一种循序渐进的策略将会突出任何值得关注的领域或因健康、安全和幸福感等而需要适应的领域。有时，教师需要有坚定的信念，相信自己的直觉——更加谨慎但又要保持积极。高质量的培训和专业发展是至关重要的，因为它提供了丰富的想法、资源和实践，进行日常适应。归根结底，教师需要勇敢和尝试！

安全是一个有趣的概念，教师需要考虑它与风险的联系。保护儿童并试图保护他们免受伤害是一个错误的观点，因为现实世界充满了风险——身体、社会、情感、智力和经济风险。合理的风险对所有儿童健康发展和终身学习而言相当重要。

教师需要在户外、冒险性和挑战性游戏的风险和收益之间取得平衡。这个决策应该基于制度、风险评估以及一个善良的和有关爱之心的父母会做什么。在安全和风险收益之间存在着一种权衡。经过机构适当的风险评估和有目的思考后所提供的风险、挑战与冒险的机会，远比儿童在没有经过设计、很不理想且可能导致严重伤害的地方安全得多。为室内外游戏和学习所设计的活动和体验通常不太可能发生法律诉讼问题。

师（成人）幼比例

比例是教师关心的问题，因为当在儿童年龄、发展阶段和需要之间取得平衡时，合理的成人与儿童比例有助于保障服务质量。必须根据当时的情况精准调整来适应，防止儿童和新手教师孤立无援，要让儿童和新手教师在室内和户外的安全得到充分的保障。然而，在现实中一个区域内可能有很多工作者，但各种供给却不足。因此所有的工作者都需要正确地理解他们的角色和责任。高质量意味着密切观察，并在适当的时机参与不同小组的儿童游戏，以拓展和提高他们的学习能力，而不是简单地关注行为本身。通过配备合理的比例，提供足够的成人监督来帮助那些害怕诉讼的人。教师也许会发现在户外工作更具挑战性，因为空间和儿童有更多样的选择。因此，我们往往认为户外需要更高比例的成人，以便教师可以保障安全，并确保提供高质量的游戏和学习。事实上，情况正好相反，当教师一心投入儿童的兴趣时，儿童的注意力会更集中，可以更有效地游戏。

室内和户外都应该有教师，这样儿童随时都可以获得教学和支持。理想情况下，在户外应至少有两名教师，一人负责特定的活动，另外一人则可以支持和拓展儿童的游戏和学习。

如果向早期教育机构询问户外师幼比例，大家会众说纷纭：1∶3，1∶6，1∶13，等等。其实，比例并不是真正的问题，教师的知识、信心和专业技能才是。如果教师认为儿童会从户外受益，那么他们将会提供具有冒险性和挑战性的体验，在大多数情况下，比例可以与室内相仿。但是，如果某一地点更具挑战性，或者如果涉及残疾儿童和特殊教育需要，那么师幼比例必须更高。

领导力

领导力对于树立榜样至关重要。如果机构的管理团队不带领儿童到户外一起学习，其他人就更没有出去的意愿了。在开展户外游戏和学习时，教师必须有清晰的理解和培训基础，以不断发展风险、挑战与冒险的文化，使教师对迎接挑战有胜任感。当教师加入一个机构时，他们需要时间来充分理解理念、原则和愿景，并在他们开始工作之前获得关于实践的基本想法。也许他们各自有不相同的恐惧，如蜘蛛、蜗牛，就我而言，令我恐惧的是旋转楼梯！这些问题都可以克服，因为人们可以重视蜘蛛，儿童可以迷恋它但不碰它，其他同事可以代替我上下楼梯。

教师的入职培训应包括关于健康、安全、保障、风险评估和急救，以及任何特定的活动和体验，如木工、篝火、动物或探险等方面的内容。

急救、疾病和意外

应该有数量充足的儿科急救员在现场和外出探险。所有的教师都应该知道谁是急救员。所有人都应非常清楚当发生轻微和更严重事故时应采取的基本措施，并鼓励他们尽可能保持冷静。并不是每个人都能轻而易举地成为急救人员，那些没有接受过培训的教师能更好地分配注意力和照顾其他儿童，而受过急救训练的人员可以负责管控情况，并决定是否需要进一步的外部医疗救助和联系父母。每个机构都有自己的制度和程序，这些应该包括父母确认同意并签名的所有轻微事故的书面建议，以便如果儿童生病，他们可以通知医务人员。

教师还需要对父母关于冒险性游戏的看法保持敏感。他们应该向感兴趣的或担心的父母解释日常活动，特别是当儿童处在刚进入机构的适应阶段。任何事故和行为都应该以一种不加评判的方式平静地反馈，避免点名道姓，这样父母就理解发生了什么，但不会因此而沮丧或愤怒。如果情况特别敏感和微妙，那么建议到一些有助于保护隐私的会议室去处理。

合适的衣服

没有人喜欢又冷又湿或太热。应为教师提供一些适合天气的基本服装和装备，包括保暖、防水的装备，以及遮阳帽和护肤霜。同样重要的是，在实践中，团队应该保持灵活性，允许同事在极端天气下从户外调整到暖和或凉爽的地方。如遇到雷暴和狂风等恶劣的天气，必须把每个人带回室内。

日常安全程序

教师需要每天对现场和他们使用的所有设备和资源进行检查，因为这些设备可能在没有征兆的情况下损坏或发生故障。对消除和报告这些故障的警惕性可以保护儿童免受真正的危险，直到故障得到排除或更换设备。所有教师都应提请管理层注意此类故障，完成并分享侥幸事件或事故报告。对儿童来说，这比把有问题的设备藏在橱柜后面等待事故发生更健康、更安全。

考虑个别化需要

还必须特别考虑到孕妇和残疾人的个人需要。这需要良好的沟通，形成一种协商的工作方式，并在相互支持和理解的氛围中与所有教师共享信息。

七、儿童关注的背景

有证据表明，随着儿童年龄的增长，他们的恐惧也会增加，尤其是对危险的陌生人的恐惧。兄弟姐妹和户外玩耍的伙伴可能会影响更年幼儿童的观点。儿童表达了对公共空间和自然空间的恐惧，并被证明他们将家等同于"安全"（Harden，2000）。坦迪（Tandy，1999）对澳大利亚儿童的研究表明，他们更喜欢在家里玩耍。托马斯和汤普森（Thomas & Thompson，2004）认为，鉴于对交通事故的担心，儿童越来越不愿意在公共场所玩耍。在对林地景观的研究中，奥布莱恩（O'Brien，2005a）发现，"8—10岁的儿童害怕这样的空间，因为他们可能会意外地遇到危险的陌生人。人们普遍认为，儿童觉得越靠近家的绿地，就越没有危险（Harden，2000）"。然而，格罗夫斯和麦克尼什（Groves & McNish，2008）的研究表明，当儿童在户外玩耍时，他们的风险评估能力会日渐增强。

有研究还强调了女孩和男孩在使用户外和公共空间的方式上存在某些性别差异。在他们喜欢的和会使用的空间类型以及他们希望看到改进的设施类型方面，存在差异（Roemmich et al., 2007）。研究表明，男孩比女孩喜欢在离家远的地方玩耍（Valentine, 1997）。也有证据表明，在不同的社会经济背景下，人们的观点也会有所不同。托马斯和汤普森（Thomas & Thompson, 2004）指出了贫困和儿童获得户外空间之间的联系。这可能会影响到一些儿童，由于他们比较弱小，不太可能玩"街道游戏"，或在公园、游乐场玩耍。尽管如此，大多数5岁以下的儿童都认为户外是一个有很大可能性的地方——一幅编织他们自己的想法和想象的挂毯，在这里，挑战、冒险和各种风险都是切实可行的。

八、处理儿童所关注的特殊问题

缺少合适的衣服

提供专门设计的户外活动服装对儿童充分参与体验非常重要。试想，如果你只有一件外套，你和你的父母当然不想在活动结束时弄得脏兮兮的。鞋子也同样如此。对于服装和长筒靴，可以请求已离开机构的较大儿童的家庭捐赠一些穿戴不上的户外用品，作为特定的潮湿或寒冷天气的装备。带有独立夹克的防水背带工作服对3—5岁的儿童来说更实用，因为他们可以不用顾虑卫生问题，也可以在更暖和的天气里用水管玩水。婴幼儿穿多功能套装会更好。

家庭的观念

许多儿童的担忧来自他们无意中听到的父母的想法。有时，由于受家庭/文化的影响，例如关于寒冷、严寒天气的观念，儿童可能不愿去户外。一些来自温暖气候环境的父母可能会把他们对寒冷的厌恶强加于儿童身上，让他们待在家里，这给儿童造成了实际矛盾。可能会有一些儿童，如难民和寻求庇护者，由于他们自己的个人经历，自然会害怕陌生的地方。再如其他如流动儿童等，我们也可能会发现，由于他们特殊的家庭/文化传统和经历，他们更难待在室内。对于这些儿童和父母，需要以一种温和而敏感的方式，让他们做选择而不是被强迫，让他们学会热爱这两种环境，看到自己游戏和学习蕴藏的巨大的和令人兴奋的可能性。

意外和受伤

如果我们有意识地教孩子们问自己："如果我这样……是不是个好主意……"他们就可以为自己的行为进行风险评估。如果他们参与了场地及其周围的徒步旅行，他们也会将学习识别潜在的危险作为日常生活的组成部分。这可能会引发很多关于如何注意安全的讨论，以及对他们周围世界更深入的理解和认识。

教师应视自己为户外和挑战性游戏的"促动者"。教师通过使用诸如"如果你现在抓住梯子，你会觉得更安全""你需要做很多练习才能攀爬到顶端""试着像詹姆斯一样后退着下来"这样的话语，可以赋予儿童力量而不破坏其信心。

陌生人

儿童通过扩大他们对世界的经验逐渐学习。就像学习过马路一样，他们的知识和理解能力是渐进累积的，并通过在安全的情境下遇到陌生人的生活体验而增强。儿童在机构环境中向同龄人和教师学习，这拓宽了他们在家庭环境中的视野。随着学校/机构带来不同来访者的经验，儿童的世界也会扩大。重要的是，儿童开始明白，如果他们处于危险、迷路或害怕中，这个世界上有陌生的成人可以帮助他们，如警察、消防员、医务人员等，如果没有这些人，也可以向在商店工作的女性员工或带着孩子的母亲求助。

欺凌和追逐打闹游戏

当儿童正在发展语言和社交技能时，经常会有一些粗暴动作和潜在的欺凌。在发展这些领域技能时，儿童经常利用他们的身体，比如通过推、拉或抓来表达他们的信息。教所有的儿童使用默启通手语或英国手语（British Sign Language，BSL），以表示"住手！""我不喜欢它，因为……"，有助于发出重要的、清晰可理解的信息。其他儿童则会知道，这是"参与规则"的基础，如果儿童继续采取消极行为，就应迅速地向教师寻求帮助。教师对儿童的观察和直觉是发现恶作剧的好办法。然后，通过使用木偶和角色扮演，教师可以化解困境，让儿童练习和学习更多积极的行为。

结交朋友和保持友谊

教师需要敏感地处理儿童的游戏和人际关系。当儿童刚开始建立友谊时，可能很难应对他们的情感和挫折，也很难同时接受相似点和不同之处。如果他们在环境中感觉不熟悉或不舒适，这一点就表现得更真切了。如果教师与儿童接触并能判断出他们的动机，他们的积极行为很可能被模仿，因为儿童以他们为榜样，并以积极的行为和学习进行回应。这种社会性学习的培养发展了一种关于游戏或学习领域参与规则的集体理解或集体智慧。

九、共同关注的问题以及如何处理

光脚

光脚会导致脚趾受伤和指甲断裂，但一般情况下，儿童光脚玩耍也不会受伤，而是直接促进他们的协调能力、平衡能力和身体发展，还可以帮助他们发展穿脱鞋子的技能。把光脚的好处和几双脏袜子进行对比，这对父母而言有非常积极的意义。

服装

许多成人担心儿童衣服穿得太少了，实际上，当儿童东奔西跑时，他们并不觉得冷。可当他们停下来不动时，问题就出现了。穿太多层的衣服会导致儿童昏昏欲睡和脱水。最好的方法是鼓励他们在适合天气/季节的衣服之外，再加上一件。炎热晴朗的天气不穿T恤是不适合的，因为儿童的皮肤很娇嫩，他们的头部和肩膀需要穿戴合适的帽子和上衣，涂防晒霜，以免受阳光的照射。

在现场为儿童（和成人）更换全套衣服也是可以的。收集二手的手套、袜子和普通衣服来应对意外之需是很管用的。在下雪天，当手套都是冰冷、潮湿的时候，可以用袜子替代手套。

攀爬和滑动

这些都是相当常见的童年追求，但它们确实有明显的危险。可移动设备可以根据儿童的身高、能力和年龄而设置不同的高度，但固定设备和树木则不能。通常儿童对攀爬是心中有数的，他们不会接受自己能力所不济的挑战（除了少数有个体需要的儿童）。作为教师，我们在风险评估中不仅需要考虑儿童的年龄、发展阶段和身高，还需要思考是否需要在攀爬物周围提供塑胶地面或垫子。同时，我们也应该注意他们攀爬时穿的衣服和鞋子。

高度、跌落和表面

儿童天生喜欢在路牙上保持平衡，但成人经常觉得有必要抓住他们的手以防止跌倒，却没有想到这一行为给儿童传达了一个无声的恐惧信息。教师需要靠近关注，但不要随意"插手"。使用各种框架、木板、梯子、轮胎、板条箱和类似的设备，设置成不同的高度和角度，随着儿童的信心和能力的提升，可以通过创建障碍课程来提供进一步的挑战。如果环境里有一系列的自然的和有触感的表面，包括卵石、花岗岩、木柱和垫脚石表面，父母可能会担心儿童跌倒和擦伤。因此，向父母解释为什么不同的表面有利于儿童的身体发展、平衡和协调，并提供不同的感官体验是明智之举。

图 10.1 探索自然世界　无锡市锡山区爱尔实验幼儿园拍摄

轮胎、板条箱和盒子

这些对于较低的障碍物活动是非常有用的，能够提供乐趣、问题解决和挑战。如果将它们用于建构活动，或者在清晰的视线范围内，把轮胎弹下多级台阶或滚下斜坡，橡胶中出现突出的金属或破裂塑料割伤或者夹住手指，因此需要定期检查。

野生动物

如果在机构附近的户外有野生动物，特别是狐狸等畜类，应该进行单独的风险评估。一般来说，儿童到达现场时野生动物会消失，因此需要每天在儿童到达现场前进行参访前探查。啮齿动物以及狐狸和獾等大型动物需要外部人士的专业支持。如果你有一张鸟食台，要小心为鸟类提供的食物，因为有些可能是过敏原或容易产生霉菌和真菌。通常儿童对昆虫和小动物非常感兴趣，在有一名成人在场的情况下，鼓励儿童尊重它们，小心地对待它们。如果担心儿童溺水或喝脏水，要单独考虑池塘的生物。

家畜

与英国皇家防止虐待动物协会合作，学会尊重动物权利是很有意义的，因为通过合作可以防止安置动物存在的所有的不确定因素，以及在周末和假期有时不够稳定的护理质量。引进驯养动物是有益的，比如旅行农场的动物往往是接受统一管理和定期检查的。接触这些动物是有价值的，因为儿童可以了解我们吃的食物和如何照顾动物。养一匹小马，喂羊羔和捡鸡蛋，也是有价值的挑战，是充满敬畏和惊奇的体验。有些儿童一开始会非常害怕，但慢慢地会和兔子、豚鼠、小鸭子和雏鸟相处。了解每个儿童有助于预测哪些动物更适合引进。同时，应该对这种农场参访进行全面的风险评估，细致地考虑到每一个动物，不过也有一些有个体需要的儿童，对他们也许有必要进行单独的风险评估，以符合动物安全的要求。在参观前要用防水帆布覆盖所有特殊的地面区域，活动后使用庭院扫帚、水管和消毒剂打扫卫生。

教师需要全程监管儿童和动物。儿童应该避免把手指放进嘴里，吃东西时要远离动物。关于农场和家畜的一般和具体指导可以在英国皇家防止虐待动物协会网站以及环境、食品和农村事务部网站上找到，它们还特别提供了专门针对孕妇的相关信息。

植物

无论是野生的还是栽培的植物，都有潜在的危险，因为儿童可能会过敏，有时甚至可能会危及生命。瓦茨（Watts，2011）提供了一份需要避免接触的植物清单，包括乌头、常春藤、榆树、毛地黄、柠檬草和丁香。但是，儿童应该知道采摘任何植物，包括水果、种子或浆果，以及移走动物的食物，对他们自己都有潜在的危险。森林学校的探险为儿童提供了真正学习荆棘和冬青划伤、荨麻刺痛等的机会。随着时间的推移，儿童学会了识别这些植物并避开它们。他们还了解到使用酸模叶子（dock leaves）可作为对付荨麻刺的自然疗法。许多植物的种子和球茎是有毒的，如苹果豌豆、甜豌豆、郁金香、水仙花和大黄叶、发芽的土豆块茎、辣椒、蘑菇和部分番茄植物，但如果儿童按要求戴园艺手套，妥善洗手，就几乎没有什么风险。圣诞节的仙人掌、冬青、常春藤、一品红，秋天的七叶树果和橡子对我们的胃都没有好处。收获任何植物最好都有教师监督，防止有人对某种植物有过敏反应。婴儿和蹒跚学步的幼儿需要得到更仔细的监督，理想的场所是一个没有浆果的空间，以避免儿童被诱惑。具体的适宜种植的植物清单可从英国皇家园艺学会获取。

需要有受过培训的园艺师每年对树木进行维护和保养，以确保树枝和树在户外游戏区域内保持安全。这些虽然需要不少花费，但却是必要的，同时也有助于延长树木的寿命，增强它的吸引力和生长质量。

水

水是一个值得关注的问题，因为水是溺水、滑倒以及潜在的细菌和病毒的来源。教师可以通过向儿童解释从而解决这一问题，所有的儿童都需要学习关于水的安全知识，因为我们生活在一个有许多河流、湖泊和池塘的地方。学习水的安全将帮助儿童避免跌倒，并鼓励他们认识到水的好处和危害，以及学习游泳的必要性。任何开放的水域，如机构内的池塘，都应该安装安全栅栏。教师应确保任何用水都在防滑的区域内，并为儿童的游戏提供清洁的水。自来水、洒水器和喷雾剂对儿童都有极大的吸引力，能在炎热的夏天制造无穷的乐趣。在户外，给他们机会利用水的力量，这有很大的价值，因为他们可以"开发"河流和湖泊系统，以及探究水文科学，也能支持游戏，当然教师应在场，确保现场没有损坏或者滑倒的危险。

不过，对于静水而言，需要有一些不同的考虑，确保儿童不玩死水。水托盘和新鲜的水坑对游戏是有帮助的，但应该每季度用适当浓度的清洁剂清洗容器，以避免可能出现的水源性疾病传播问题。

沙

最好能提供湿沙和干沙，因为两者的特性非常不同。户外的沙子通常可以更大规模地运用，儿童可以坐在里面探索、发现和创造。室内的沙子需要相应的集装箱，应考虑安全的问题，因为干燥的沙子无处不在，比如飘落在电脑、钢琴、食物上等。必须注意确保儿童知道沙的正确使用方式。在抛洒或运沙子时，可能需要制定一些规则，这样沙子就不会弄到眼睛里或头发上。

非常重要的是，需要定期翻挖户外沙坑，使其透气，清除树叶和垃圾。每年还应进行一次评估，看看是否需要更换沙子。用合适的排水网覆盖沙坑，防止它变臭和发霉，防止家养宠物和野生动物污染沙子。

挖掘和泥巴厨房

泥巴会造成脏乱，使表面变得湿滑，也可能含有各种细菌、病毒和寄生虫。户外泥巴厨房应设置在防滑的自然表面，确保合理安全。挖掘既有直接目的，比如收获土豆等，又对儿童的建构、想象和创造性有重要价值。所有的园艺和玩沙工具都需要有良好的质量，大小适合儿童，并且易于取用。不要光脚使用园艺工具，塑料玩沙工具不适合园艺。可以购置一些较小尺寸的园艺手套。

一个有各种"二手"厨房用具的泥巴厨房可供儿童通过简单地将泥土和水混合来制作馅饼、药水和冰激淋。接触干净的土壤对儿童是有益的，因为它含有支持我们健康免疫系统所需的细菌。然而，也有土壤会传播的病原体，明智的做法是使用从花园中心购买的壤土表土，它非常适合用来玩泥。活动结束后必须洗手。

树枝和石头

儿童对树枝和小石头情有独钟，会真正投入地使用它们。有哪些想法是可行的？可以参考安迪·戈德斯沃西（Andy Goldsworthy）和马克·波耶特（Marc Pouyet）关于自然材料使用的作品。儿童喜欢用不同的方式使用它们，实现一系列想象的可能性。然而，成人往往会担心眼睛或财产受损。要格外留意，木头和其他自然材料很容易开裂和断裂。虽然这也涉及有趣的学习，但确实需要教师充分了解儿童在使用什么，如果被误用或损坏，可能会有什么潜在的危险。

木工活动

木工活动和所有其他基于技能的活动一样，需要有人教授。一旦儿童学会了安全地使用锤子、锯、钻等工具，他们就可以像使用其他材料一样探究木材。一般来说，可能产生的伤害是瘀伤、擦伤或割伤，儿童会从经验中学习，以后就不会重蹈覆辙。儿童需要接受一对一的学习，以便他们学习基本的安全措施，比如使用老虎钳，手指与锯子保持距离，或者在捶打时用轻敲的方式钉钉子。同样，胶枪的使用也需要进行仔细的教学，这样儿童就会知道从枪头挤压出来的融化胶温度很高。他们还需要学习如何将胶枪安全地存放。针对木工活动的工作者培训以及建立相关制度是很有实际作用的。

战争游戏

儿童，特别是男孩，喜欢使用各种物件代表武器，不管教师是否同意。枪和剑等武器被认为是有潜在伤害的，因为它们经常在面部和眼睛周围挥舞。如何处理取决于机构。如果要使用木制剑等物品，那么就要进行风险评估。如果不是在角色扮演中使用，那就用注满水的注射器和悬挂的气球或墙上的空易拉罐作为替代目标练习，可以满足儿童许多的简单的想法，促进精细动作发展。

嬉戏打闹和追逐游戏

这些与战争游戏有关系，但同样可能源自斗鸡游戏（tiggling games）、奔跑、球池游戏或类似的游戏。追逐游戏和/或嬉戏打闹游戏可能每天都会发生，有时会被误解为打斗或欺凌。一些事故可能是由于儿童互相碰撞或被障碍物绊倒所致，因为他们会被来自其他方向的呼喊或动作分散注意力。最好将这种担忧看作是儿童（和动物）发展的自然规律。嬉戏和打闹游戏可以让儿童释放情绪，培养情商，并提供了从犯错中学习的机会，而不必害怕受到惩罚。

天气

在大多数天气条件下，儿童应该在户外游戏，但在有些情况是不可以的，比如在雷雨或地面有薄冰时。盐对防止结冰非常有用，但教师需要确保所有危险区域都得到妥善处理。当存在结冰的威胁时，可以在前一天晚上提前做好准备，在不同形状的容器中注入食用色素和水，放在外面冷冻过夜。即使户外的区域无法使用，这些可能会在第二天成为很有吸引力的探究活动。对于天气没有什么简单的规则——需要教师通过风险评估和基于事实的专业决策，对可能的价值或潜在伤害做出判断。

音乐和声音创作

这种活动可能会引起邻居的抱怨，在某些极端情况下，还会导致机构关闭。虽然我们都有义务尊重我们的邻居，但是儿童在户外游戏发出声音是很正常的。添加三角铁和庙宇钟可能不会引起愤怒，但录音机开到最大音量，不停地敲鼓，或者用播放器播放音乐，的确会惹恼邻居。也要设身处地地为邻居着想，可以调整时间，不要让噪音没完没了，应该可以避免麻烦。对于特殊的活动，如果你事先礼貌地写信通知邻居，并邀请他们作为重要的社区成员来参观，也许会消除潜在的问题。

自行车和有轮玩具

这些都是必要的设备，因为一些儿童无法使用自行车或没有在家里使用的空间。然而，考虑如何、何时、何处使用它们很重要。如果户外空间被用于如障碍课程或彩虹伞游戏，那么轮式玩具/自行车就不太合适，因为它们可能会引发一些碰撞，甚至手指或脚趾会被碾压。

固定设备和结构

所有的结构每年都应该进行针对弯曲、扭曲、开裂以及基座周围松动的安全检查。查找挤压点、暴露的构件、生锈、尖锐处、运动过度，还要小心丢失的盖子，因为这些都是潜在伤害的征兆。定期检查所有防护装置和扶手，确保其安全、不松动、没有弯曲或断裂。检查楼梯或梯子是否有丢失或断裂的踏板、台阶或横档。要检查所有的表面是否有裂缝、松动和断面（impact surfaces），以确保它们没有被压缩、移位或面积减小。排水罩盖应干净合适。最后，聘请一名认证供应商检查和维护所有固定设备、表面和轮式玩具等。每年进行一次培训。在机构的显著位置展示年度认证证书，让所有的人都能看到，这样会减少担忧，并帮助父母了解你们是如何悉心地照料他们孩子的健康和安全的。

松散材料

石块、树枝、原木、砖块、梯子、木板、管子、轮胎和防水油布以及他们沿途发现的其他东西都是儿童游戏的工具。松散材料对于儿童了解户外环境中资源的丰富性，以及它所提供的无限可能性和联系非常重要。所有这些资源需要教师偶尔进行检查，悄悄地清除一切危险的东西。

有效的存储

一些资源，如木工工具或自行车，可能只需要在某些特定的时间提供，并且可以存储在远离儿童接触的地方。日常的资源需要放在贴有标签的容器里，这样便于儿童取用和收纳。如果为那些用于发展精细动作、具有创造性或身体技能的设备箱装配把手，特别有利于儿童协助移动。

教师需要考虑提供多少资源对于儿童使用是合适的。资源太多会分散和破坏儿童的兴趣，而不是一种精心提供。

十、总结

儿童、父母、照护人员或教师对风险、挑战与冒险的任何关切或恐惧都必须予以认真对待和解决。我们不能想当然地认为，儿童会仅仅因为他们待在一个美好的地方就能自然地获得积极的学习。我们需要对教师、父母和儿童抱有现实的期待，并"关注"他们的担忧。这将有助于达成共识、实现期望，并确保各方都能感到受到支持、包容和重视。

第十章 计划全年的冒险活动

一、引言

本章主要是为一系列活动提供实操性的支持，教师可以用在整个学年。首先，本章解释了长期、中期和短期的户外规划，以及如何在全年真正地实施。其次，通过考虑一系列经验和活动的支持，进一步阐述如何通过评估进入下一个规划阶段，并帮助大多数儿童在有意义的环境和情境中实现他们的兴趣。最后，本章还提供了一些有关秋、冬、春、夏四季活动的实例。

二、计划活动的起点

教师应该以儿童为起点，建立温馨的关系，与父母进行讨论，并在儿童进入机构时密切观察他们的发展阶段、独特的需求和兴趣。这将有助于为他们感兴趣的内容和发展水平提供指导，以便教师为儿童的学习考虑下一步安排。例如，一个在室内娃娃家里自由自在的儿童可以通过户外泥巴厨房来拓展他们的学习。同样，室内的小型积木游戏也可以通过一定数量的空心大积木以及几块木板和织物在户外创建巢穴得以扩展。对于新生来说，核心活动和机会本身就是令人兴奋和冒险的，因为这将是他们第一次体验。

通过观察儿童与周围世界的互动，教师会发现他们的行为图式变得明显了，因此图式活动可以是一个很好的开始。例如，对旋转感兴趣的儿童会开发一些活动，比如把液体颜料滴在盖着纸的转盘上，效果近乎神奇。同样地，摆动悬挂在 A 字架上的颜料漏斗，创作巨大的彩色弧线会让儿童更加着迷。

如果儿童有时间去发现、观察和绘画植物的图像，比如叶子、水果、种子和蔬菜，大自然也会赋予儿童学习的灵感。与儿童讨论这些问题对教师也很有启发性，帮助他们了解儿童知道什么，他们想更多地学习什么。在没有任何成人干预的情况下，儿童的其他体验也会生发敬畏和惊奇感，比如在秋天观察蜘蛛网上的露珠，在冬天试着敲碎水坑里的冰，或者在春天观察水仙花的生长。

三、行动、改进、开发以及种植规划

在任何学校或机构中，都有关于场地、课程和其他领域的整体改进与发展计划。这可能需要仔细地考虑花园/室外区域，因为任何改进都可能涉及添置具有新功能的设施设备，维护和维修其他设施。如果你不请园丁代劳打理，那么每年的种植规划对户外区域维护和种植灌木、花卉和蔬菜将大有裨益。

这些计划来自学校/机构内的评估，需要因地制宜，但也有一些共性的做法：

- 开发自由心流游戏。
- 开发学习地带或区域。
- 发展性别参与。
- 发展儿童的园艺技能。
- 开发一个野生生物区域。
- 改进存储以及材料的可及性。
- 改进成人和儿童的户外服装。
- 建立适合不同天气的资源箱。

这些计划将需要教师关注以下问题：

- 你想开发什么区域/地带/活动/经验？
- 为什么？
- 怎么做？
- 多少成本？
- 谁参与？

- 多长时间？

显而易见，这些问题需要教师研究可能的提供者、合作伙伴、成本、材料、资源，并制定时间表，获得经费，有耐心和毅力来充分地实施计划。

四、长期的课程计划

一个有效的启动方法是检视《早期基础阶段法定框架》的每个领域，并反思可能的、广泛的学习意图以及户外的关键活动。这些应该支持和拓展每个学习领域的各个方面，并且考虑符合主要领域和特定领域的学习特征。例如，一些儿童对《绿野仙踪》的故事非常感兴趣。这是教师团队投入大量的时间来讨论这个故事发展而来的，促进了儿童语言的进一步发展。随着讨论转向人物和环境，儿童享受着一系列创造性的活动，使用不同的手工和艺术作品，为主角制作了一条黄色的砖砌路和面具。在表演故事时，他们使用了道路、翡翠城和道具来进一步探索故事。另一个小组从电影中学到了一些歌曲，并把歌曲与自己编排的舞蹈动作组合在一起。一个儿童意识到翡翠绿不仅是一种颜色，还是一种宝石，于是小组开始探究宝石，为此教师设立了宝石兴趣桌。儿童使用放大镜进行的深度探究令人惊叹。这又引发了儿童对珍贵和价值概念深入的哲学探究。然后他们开始思考勇敢、狠心等意味着什么。这个焦点覆盖了整个《早期基础阶段法定框架》。六周后，所有的儿童都参与进来了。这显然是一项相当庞大的任务，但可以由管理团队召集，团队共同分配任务来完成。长期计划一旦建立，就可以作为制定中期和短期计划时的参考，作为想法、活动和经验的资源。长期计划只需要教师在年初时考虑，以确保涵盖之前评估或在全国性课程变革时的审查漏洞（audited gaps）。

五、中期计划

中期计划是机构对游戏和学习活动的逐项组织和实施。在中期计划中，一个简单的开始方法是查看一年中的时间，并重点关注每个地带或区域与特定儿童相关的活动和经验，以及你想要提供的资源种类，也需要考虑所有事件和特殊场合，以使计划发挥战略性的作用。例如，这些资源可能是轮胎、板条箱、管子、盒子和织物碎片，以及特别的设备，如大型积木、A字架、梯子和木板，这样儿童就可以创造富有想象力的角色扮演环境，或者是一个研究水力的科学探索区。儿童不可能接触到所有的东西，但教师可以监控他们的参与及持续时间，无论他们是在独自玩，还是在友好的群体中合作玩，通过增加或移除特定的资源或设备，帮助他们开启和拓展学习。

由于季节、节日和天气等原因，儿童的兴趣每年都会有一定程度的重复。这意味着季节的变化本身就可以为儿童提供非常丰富的兴趣来源。这些可重复的体验可以通过设置某些书籍、角色扮演服装和设备的资源箱来进行计划，以便在儿童需要时提供，而且数量是可管理的。

其他的基本资源也可以是很不错的起点，比如秋天清扫树叶的扫帚和水桶，在寻找小昆虫时装有笔记本、相机和野外指南的探索夹克，当投入建筑兴趣时的安全帽、装饰刷和梯子等工具。

六、短期计划

短期计划通常是指每两周或每周计划，因为每周和每天都要进行回顾与反思，根据教师所见证的儿童的兴趣、性情、要求、需求和出现的挫折，相应地调整。教师应该避免对材料提供过于热情，导致资源过度和暂时性混乱。"少即多"这个说法是很有道理的，因为它允许教师通过短期计划仔细地逐步引入，包括增加、挑战和扩展儿童学习潜力和可能性的资源。

日常计划不能回应每个儿童的兴趣和需求，但它可以适应儿童的特殊要求，或适应某些专门活动的特殊群体的需求。不过，应避免"本本主义"，书面计划不应该妨碍教师直觉性地回应或追随儿童。应该允许一些计划被打破，才不至于错失良机，例如：

- 一只知更鸟飞进了教室。
- 开始下雪了。
- "我忘记……。"
- "某某某生病了，所以我们……。"

相比于严格遵守时间表、规约和程序，不可预料的事件往往可以使学习的体验最大化，其结果常常会使儿童更快乐，学习得更多。但这并不容易，儿童也不会总是像人们期待的那样做出回应。他们可能会累、不舒服或发脾气，当被要求去整理物品、放开蜗牛、不能摘花或只是倾听时，他们可能不会表现出教师所期待的对环境的尊重。

七、评估

评估是指教师团队对有关阶段的情况、成就和发展领域进行认真反思。评估应在每天、每周或每两周以及每学期或每季度结束时在短期内进行。年度评估也是一种很好的做法，因为这将影响到年度改进、发展或行动计划。

对于短期评估，最好把便利贴或标签贴在计划表背面，记录哪些方面进展得很好，原因是什么，以及需要调整什么。然后可以在每周或每两周的评估会议上使用，以指导下一阶段的计划。这种评估还可以帮助识别焦点儿童、儿童群体、后续将观察的学习区域，以及为即将到来的公开活动、节庆活动和过渡环节制订明确的计划。这些又会再次影响将来的中期、长期计划，完善明显的不足，为未来的活动和经验做好计划。

八、启发式/自然游戏的计划

启发式游戏（heuristic play）与户外游戏密切相关，因为许多自然材料是在户外被发现和收集的，但却在幼儿园内的其他地方使用。这种双向的过程反映了两个主要的环境领域。因此，羽毛和标本叶子可以与灯箱相联系，较大的鹅卵石和干燥的松果可以与蹒跚学步儿童的宝物篮相结合。戈德施米德和杰克逊（Goldschmied & Jackson，2004）创造了这些有创意的篮子，这样每个儿童都有机会在没有成人干预的情况下，自己学习和发现。设计这个激发性的篮子是为了激发好奇心，为在非常恶劣的天气里，或者为那些并不总是那么容易进入户外的儿童，在户外和室内之间建立了一座桥梁。对于2岁以下的婴幼儿，选择这些物品需要进行细致的风险评估，因为它们可能很容易被塞进鼻子、耳朵或被吃下去。为这样的儿童制作一面防碎镜也可以作为探索的来源。不过，对于两三岁的幼儿来说，探究更大一些的物品更安全。不断增强的移动能力也意味着他们自己可以更容易地到达户外。

九、各季节的基本供给/资源规划

至于季节，关键的是为不同的天气条件做好准备。可以在寒冷、潮湿的月份准备防水、防风和耐寒的衣服，在炎热的月份准备好防晒霜和遮阳帽。

如果你受到人员配备比例的限制，不能为所有人提供自由心流的机会，那就考虑用简单的方法来确保应该在户外的儿童都可以在户外。臂环或发圈是一种较容易定位儿童的好办法。可以尝试采用轮流的方式，优先考虑最需要体验的儿童，同时为所有人提供公平的机会。

准备好塑封的户外活动清单，供教师在户外使用，通过增添故事、儿歌、诗歌和歌曲来回应和激发儿童的兴趣。有关天气和大自然的塑封照片也可以用于扩展儿童兴趣的。一套关于鸟类、池塘生物或其他动物的参考书或塑封的识别卡也非常实用。

十、全年的户外玩具和设备

传统的户外玩具，如自行车和滑板车，深受儿童喜爱，尤其是那些在家里很少或无法接触到这些玩具的儿童。另外有一些玩具，如弹跳球、飞盘、棒球等，需要娴熟的技能，可能会限制部分儿童使用。

一些传统游戏，如跳房子、篮球、彩虹伞、滚球撞柱、执圈游戏等，也可能很受青睐。桶里的豆袋游戏颇受欢迎，旁边设置一个统计表，用来记录得分，进行数学学习。教师可以添加阿拉伯数字或字母来激发儿童进一步的学习潜力。不同的设备在一年中的不同时间都有用武之地，比如彩虹伞，当有许多新入园的儿童时，可以作为一种接纳他们的方式，或者在刚下过大雨后开展活动。同样，经常会妨碍其他资源使用的自行车和轮式玩具就会被迅速组装起来。在非常炎热的天气里，数桶桶装水和装饰刷，一个可以把脚伸进去的戏水池，或者洒水器都可以带给孩子们不错的体验，也是保持儿童凉爽的好办法。

十一、秋季的活动

秋季白天常常阳光明媚，晚上则透着些凉意。对许多儿童来说，这一般是他们开始幼儿园生活的时候。季节的变化使人们有机会收获，清扫树叶，为花和蔬菜翻土，挖植物鳞茎，沉醉于秋叶的颜色。这些都可以作为进一步学习的兴趣点和激发点。叶拓是一个古老的喜好，它提供了一个贯穿《早期基础阶段法定框架》的学习机会。

叶片匹配

这需要提前准备不同类型或成对的塑封叶片。儿童必须寻找自己的叶片。这一活动可以引导他们计算收集了多少不同类型的叶片，并比较叶片的不同特征。

创意壁画

可以用地面上的自然物来创作图画或地毯，收集松果、橡子和树叶，与石头、羽毛等，进行创造性的组合。织物和粗麻布还可以为壁画增加不同的维度，摄影可使壁画有效地保存和展览。将自然材料压入薄黏土中，然后切掉，开一个挂孔并且晾干，就会创造出非常别致的悬挂饰物。

收集蜘蛛网/叶片标本(skeleton leaf)

可以把水溶胶呈网点状挤在一个大塑料袋上，然后撒上闪闪发光的东西。把它晾干，然后剥落，挂在树上和灌木丛中作为装饰。

寻找七叶果/橡子/松果国王或皇后

找到最大的、最闪亮的七叶果或橡子是一个挑战性的活动。这一活动可以适用于任何自然物体，例如卷心菜、胡萝卜。

悬铃木或者白蜡树"直升机"

翅果易于收集，把它们抛到空中，它们会向下颤动和旋转。

用木头、苔藓、树叶等制作怪物和仙女的家

同样，可以通过摄影来捕捉儿童的脚本语言。如果你想保留这些创作，可以用胶

枪把这些碎件牢固地粘在一起。

森林国王/皇后

这为儿童提供了尝试角色扮演的机会。可以用柔韧的树枝和自然材料编织一个王冠。如果用花、羽毛和叶子编织柳条圈，会格外迷人。

藏在树叶里，抛撒树叶

自得其乐，其乐无穷。

用浆果和蔬菜作画

这比较容易通过收集浆果并用杵和研钵加水碾压制成颜料来实现。（例如，接骨木果和黑莓代表紫色，野生酸苹果代表黄色，黑刺李代表蓝色，草代表绿色）教师可以用一个筛子或茶叶过滤器挤压过滤，也可以试试洋葱、胡萝卜和甜菜根等蔬菜，还可以向儿童征求建议和想法。

薰衣草或香草面团

准备一个简单的面团，儿童可以用剪刀把香草切成小块，然后压入面团中，创造有芳香和有纹理的体验。

抓骨节游戏（knuckle bones）或手球游戏（fives）

把橡子或小卵石放在手背上保持平衡，抛到空中，然后用手抓住。因为儿童的手小，可以调整物品的数量。

雾霜盒子

收集不同的托盘和透明的容器，注满水，夜晚把它们放在外面过夜，看看会发生什么变化。（准备一些帽子、围巾和手套以防止有儿童忘记）你可以用海盐和其他日用品来研究用哪些会使冰融化。

十二、冬季的活动

如果天气很冷，冬季会对户外学习有所限制。然而，随着天气的变化，每天都会带来新的可能性。天气寒冷的时候，想办法给儿童保暖，穿着合适的衣服进行体育活动是必要的。风往往会让儿童感到兴奋，但如果他们靠近大树，就应当小心。相比较温暖的天气，冬季可提供的资源更少了，但环境本身可以激发儿童极大的兴趣。冰、霜、雪为科学和技术探究提供了条件，可以通过简单的观察发展为更大的挑战，如"拯救雪人不融化"。

纯粹地享受冰雪

儿童在冰雪覆盖的早晨都很快乐！尽管对于成人来说，这可能是一个面临真正挑战的时刻，但是看到万物银装素裹而产生的敬畏和惊奇感是绝对不容错过的。

冰上游戏

滚球撞柱游戏、滚铁环和球可以让儿童了解冰的特点以及物体在冰面上通过的速度有多快。

建筑或雕刻

儿童可以用冰搭建房屋、城堡、因努伊特石堆（inuksuk）、动物、雪怪、巢穴或雪人。他们还可以躺在雪地上，挥舞手臂，化身为雪的天使。

拯救雪人

这可以让儿童用几把雪做一个迷你雪人，然后尝试用各种方法来融化或保存，如水壶、箔纸、泡沫橡胶、气泡膜、围巾等。

制作自己的冰柱和冰风铃

将树叶和自然物冷冻在小容器中过夜，中间用绳子穿过挂在乔木或灌木丛中。

刮风天的资源盒子

这个盒子应该包含一些资源，如风旗、旋转指针、尼龙围巾、风车、风筝和丝带棒、短竹竿或纸、窗帘环、彩带、气泡、风向袋、气球、五彩纸屑、风铃、泡沫飞盘、绒球、织物球和彩虹伞。

创意音乐

可以用攀爬架和结实的杆，连接罐和锅，用木勺子和拍打器来创编音乐。请注意，声音可能会干扰邻居，所以要注意开展这类活动的地点和时间。

自然装饰物

用木棍和松果制作花环、星星、螺旋形物体、动物、天使，用花盆、罐子等来装饰蜡烛，形成一个烛台。

喂鸟器

可以用一根细线穿过空牛奶盒或果汁盒,盒子里装满鸟食,或者把绳子系在松果上,松果外面涂满猪油。但要注意食物过敏症。

宝盒

如果把塑料珠宝甚至巧克力金币等小物件冷冻在装满水的冰激淋容器里,效果会很棒。对一些儿童来说,尝试把它们提取出来是不小的挑战,取出后,儿童可以进行大量的计数和比较学习。

冰雪盒

如果里面有各种要冷冻的容器、热水壶、气泡膜、冬季衣服、可以坐的小防水油布、相机和滴在雪上的食用色素,就可以为儿童提供不同的刺激。一种特殊的巧克力箔硬币可以用来破冰,进入到里面!

十三、春季的活动

可以把春天的早期"信息"带到室内,以便密切观察鳞茎植物的生长、柳絮和紫薇的初绽。春季天气非常多样且多变,这需要教师发挥创造力来适应在几天内变换所有的季节。这意味着资源的提供可能有挑战性。因此,一些能够迅速灵活调整的活动,如粉笔画、放风筝、彩虹伞游戏和球类游戏非常适合。

痕迹图画创作盒(mark making box)

这个盒子可以包括剪贴板、圆珠笔、铅笔、粉笔、蜡笔、白板和黑板、装饰用刷子和滚筒、植物喷雾器、笔记本,以及各种纸、字母棒、木制字母和石头。在塑料布上或矮窗的外面进行手指画比较容易,你可以把纸按在上面,复印下来,这样就可以保存创建的图像和图案的副本。其他与角色扮演相关的资源,如车库或花园中心,将会引发更广泛的学习机会。如果有效准备书写小盒/剪贴板和书写者的腰包,当与角色游戏等发生联系时,也会激发儿童的书写。

土壤工厂

这些方法可以为儿童创造一个挖掘土壤的机会,然后使用各种创建的和特制的筛子，为播种和微型花园创造了良好的条件。

容器种植

使用旧的雨靴、筛子、锅碗瓢盆作为容器，真的可以激发儿童对园艺的兴趣，并增加真正的谈话理由。笔者曾经看到将排水管以不同高度固定在一面墙上，以此用来种植生菜等。这非常适合小空间。切尔西露天幼儿园药用植物花园的教育官员迈克尔有一批非常好的生长在容器里的食用植物，其中包括生长在塑料粥盒里的燕麦和餐馆橄榄油罐里的小橄榄树。

平衡木和摇摆板

这些设备可以是专门制造的或家庭制作的。如果儿童自己合作制作，有助于提高他们解决问题的技能。

细枝雕塑

这些可以用带子、绒线或绳子与各种不同粗细和长短的小树枝来制作，还可以添加羽毛、叶子等来装饰。

雨天的盒子

这个盒子应该包括雨伞、防水油布、长筒雨靴、防水织物以及收集雨水用的不同形状的容器等材料。食用色素、食用油和洗涤液可以加进水坑中进行科学探究。装有吸液管、注射器的小塑料容器和铝箔容器，以及带有泡泡液的小勺子和不同形状的家庭自制的魔杖也会带来很大的乐趣。

池塘捞捞乐

这是培养儿童耐心和观察能力的一种很好的方法。小渔网、白色的托盘和碟子以及一份简单的鱼类识别指南是必备的设备和材料。

用浅色的布在灌木丛寻找昆虫

这是一种寻找小昆虫的小型活动，特别适合较小的户外区域。在灌木丛下放一块浅色的布，这样会更容易地看到和识别出现的生物。此外，还需要准备一份简单的识别指南和放大镜。

筑巢

用小树枝、稻草、苔藓和羽毛等材料筑巢。这是对儿童把自然材料编织和缠绕在一起的能力的一种挑战。搭建一个真正安全的巢确保蛋不会从里面掉出来，这增加了解决问题的挑战。如果你喜欢或有儿童对食物过敏,可以使用塑料鸡蛋。

寻找复活节彩蛋

木制或塑料鸡蛋可以代替巧克力鸡蛋,但效果同样好。

泥派、蛋糕、雕塑、绘画和铸造

这些都很容易用一些非常稀的泥浆调制出来。如果要浇铸到熟石膏中并凝固,则需要稍微稠一点的泥浆。如果你不想浪费干净的纸,就在废纸或报纸上画画。可以收集旧的锅碗瓢盆,可以从商店购买塑料和金属筛、漏斗、勺子等物品。

十四、夏季的活动

在夏季,你需要考虑不同的衣服和设备,戴上合适的帽子遮住脖子和耳朵,准备高指数防晒霜、驱虫剂和大量的饮用水。英国的夏季有一段时间可能会很热,同时还可能伴有阴冷潮湿,所以防水装备是必不可少的。由于天气有可能变化,因此,可能会有多种混合的活动。应该真正地种植植被,并为儿童提供学习如何除杂草、小密度间隔播种、浇水以及收获草莓和早熟马铃薯的机会,这些都可以在花盆和花罐里种植。在晴天,观察小动物和玩沙水游戏是童年的重要组成部分。野餐和探险的食物应该装在冷藏袋里,这样即使在天气炎热时也能保持清凉不变质。

制作花瓣香水

把玫瑰等有芳香气味花朵脱落的花瓣收集起来,浸泡在水中。制成的"香水"可以倒进塑料瓶里。

草头娃娃(grass heads)

剪掉紧身裤或长筒袜的脚,装满种子和锯屑的混合物。种子需要放在顶部附近才能形成"头发",然后可以用毛毡尖笔画一张脸。

野餐或路边咖啡馆的角色扮演

可以提供自制的接骨木花露,水果/蔬菜或自制的三明治等。收集桌布,餐具,塑料、陶器和玻璃杯,铅笔和小便条本,塑封菜单,玩具钱币,围裙,托盘,等等。

迷彩伪装

首先在浅托盘中放入颜料,然后将一组物品蘸入颜料中,接着用蘸过颜料的物品印在一张大纸上创作图案。把叶子和羽毛等自然物与雨靴、废弃材料、织物和橙皮组合在一起效果也非常好。

猎熊游戏盒

只要带着装有砾石、沙子、堆肥等的托盘悄悄地爬过草丛，就能体会真正的角色扮演。如果再增加音乐，制作一个巢穴以及一套熊的服装等，那么就会有无限的可能性。

小镇角色游戏

用小花园托盘创建一个微缩小镇或花园，在罐头盒或托盘中进行迷你角色游戏。用小型手持摄像机进行记录，然后在白板上展示，会引发很多讨论。

彩色不干胶卡

是专门购买的用不干胶纸制作的卡片。将一边粘在厚卡纸上，揭下保护膜，这样每个儿童就可以得到一个正方形，可以收集凋落的花瓣、小叶子、羽毛等粘贴在上面。

旧锅碗瓢盆管弦乐队

把旧的厨房用具用结实的绳子悬挂起来，并配上勺子等来"演奏"。

回收的彩色瓶子

用不同形状和大小的瓶子装满各种不同颜色的水，再配上小亮片和纽扣等物品。用强力胶密封瓶子，并用绳子挂起来作为装饰，在光照下闪闪发亮或者放在矮墙上让儿童探究和讨论。

建造大坝和桥梁

可以通过软管或喷壶将水运到沙坑或类似的地方建造大坝和桥梁。如果再添加树叶、铝箔、塑料容器、软木塞、纸张等物品，儿童就可以发明带有桅杆和叶帆的树叶船。

玩水

玩水需要排水系统、管道和各种容器，以及和浅水托盘连接的瓶嘴。用橡胶带将不同部件与漏斗和细管等物品固定在一起。板条箱、水果盒、旧塑料罐和多余的软管也能派上用场。如果能提供足够的水流，就像人们进入圆形剧场那样，顺着斜坡往下流，就可以用吸管和树叶玩"棍棒桥"和船的游戏。大桶和装饰刷对做标记和发展协调技能大有帮助。有水龙头的大容器，可以把水运到角色扮演区等需要的地方，同时也有助于鼓励儿童自己控制水流。

在栏杆/栅栏上编织，做捕梦网或自己的织布机

成人用绳子或毛线编织出基本的经纱/纬纱，然后给儿童各种自然材料或人工材料编织成织毯。树叶、羽毛、丝带和塑料袋等材料都可以用来装饰。柔韧的柳枝或塑料也可以用来制作框架。

温布尔登角色扮演

把洞洞球悬挂在结实的绳子上或类似的材料上，供儿童用塑料球拍来拍击。

寻找数字

这些东西需要预先准备好，并分散在花园四周。数字、字母、平面和立体形状、图案、恐龙以及书中的人物，都是儿童共同努力寻找隐藏物品的巨大动力。

形状组合（group shapes）

这需要儿童之间大量的协作和合作，根据鼓点形成一个想要的形状，例如正方形。

日晷

这很容易完成——将一根棍子放在一个圆形卡纸板的中心来记录阴影线条。

石子打水漂

这是一种增强灵巧性的活动，也非常适合学习轨迹模式，需要一个池塘或大水坑。

睡狮

这是在户外玩的非常经典的聚会游戏。非常适合帮助儿童平静下来。

雏菊和其他花链

这需要一片雏菊覆盖的草坪和灵巧的双手！也可以用树叶及鲜花来装饰一根粗的剑麻绳。

聚沙成堡

将非常顺滑的细湿沙从手中流下来，形成细细的、尖尖的城堡。

石头/卵石图片，雕塑和城堡，贝壳和沙滩马赛克

浮木和带有钓鱼线的胶枪可以创造出不寻常的雕塑和马赛克。

谷物娃娃

如果没有真正的麦秆，可以使用纸吸管代替。儿童可以学习折叠和裁切吸管，制作各种非常有创意的娃娃、玩偶和稻草人来装饰花园。

园艺区角色扮演

提供精选的园艺工具，手套，花盆和盒子，洒水壶，标签和铅笔，目录和种子，园艺杂志和堆肥。

阳光盒

包括太阳能充电器、温度计、遮阳伞、帽子、泡泡机等。

十五、全年的体验和活动

全年均可提供一系列适应性和灵活性强的活动。这并不意味着设备可以随时使用，而是在理想的时间恰当地使用，从而发展儿童的兴趣和需求。有些设备要视天气情况而定，而有些则随时可用。多样性固然很重要，但同时应该为儿童提供深入探索资源的机会，以发展他们的信心和技能。

爬树

有些儿童喜欢从不同的角度或视角看世界。试着找一棵特殊的、易攀爬的树或一棵倒下的树。

小窝

这是一个热情合作游戏很好的来源。搭建小窝很有趣，它源自儿童建造庇护所的简单愿望和天生的筑巢本能。用晾衣架或专门制作的框架所建造的临时小窝提供给我们非常不同的围封（enclosures），这是一个非常牢固的肯特房屋（Kent barn）类型的结构，高度足以让成人站在里面。多年来，我们还与一个柳树艺术家合作创建了几个柳树花园。儿童擅长用各种各样的材料搭建小窝，从大纸箱到A字架、竹竿和塑料管，大块的布、网、绳子以及小防水油布。迷彩网也是一种值得提供的材料。儿童可以用夹子、钉子和胶带把不同材料固定在一起。

大纸箱

提供大纸箱可以引发儿童非常积极的合作和创造性的游戏。大纸箱不同于一般的玩具，它们是开放的，在某种程度上可以随心所欲地玩。它们可以被改造成家、小窝、隧道等。即使创建的结构被毁坏，儿童也可以继续玩，用破碎的部分来制作墙壁、鸟的翅膀，或者作为其他游戏的起点。当我问儿童为什么他们如此喜欢大纸箱，他们回答："因为我们可以用很多方式一次又一次地一起玩。"有趣的是，这似乎与性别、年龄或能力无关。

探索神奇盒子和寻找小生物

这些活动在一年中不同的时间都深受儿童喜爱，尤其是在阳光明媚的日子。不过，即使在最冷的日子，也可以移动原木、树枝或石头，发现木虱、蜈蚣和蠕虫。儿童可能想要也可能不想要这些微型动物，但是应该鼓励他们把这一切都准确地还原到最初发现时的样子。准备好笔记本、笔、相机、放大镜、双筒望远镜、地图、手电筒和有口袋的反光背心，把所有东西装在里面。收集化石、贝壳、宝石、旧家用手工艺品等，供儿童探究、讨论，满足他们的好奇心。他们的问题会让你感到震惊。火柴盒可以做成不同大小的神奇的盒子。

镜映苍穹（mirror-to-the-sky）

这是一个抽象（metaphysical）的体验，一个小组聚集在一个大的防碎镜周围看天空或树木。小型的手持式镜子也可以，可能会引发丰富的语言而且不用仰头看。

拥抱树

戴上眼罩或手牵手一起来拥抱一棵非常大的树，会非常有趣。这种体验鼓励儿童用指尖去探索、感受不同的树皮纹理和裂纹有很大差异，这取决于树的种类、形状和大小。戴上眼罩有助于他们把感官集中在所挑战的任务上。

感官袋和感官盒

可以将不同的自然材料（如压碎的香草、大蒜、松果等）放置在半密封的纸板箱或织物袋中，有助于激发儿童的触觉和嗅觉。

树枝、贝壳和石头

收集鹅卵石、化石、岩石、宝石、短而结实的树枝和木片等。这些可以同角色扮演的小人儿、动物和车辆一起使用，也可以在建筑托盘或在地上用羽毛、织物等进行装饰。茱莉亚·唐纳森和阿克塞尔·谢弗勒（Julia Donaldson & Axel Scheffler）的《棍子人》（*Stick Man*）以及约翰·赫格里和尼尔·莱顿（John Hegley & Neal Layton）的《斯坦利的棍子》（*Stanley's Stick*）等书籍也会很受儿童欢迎。

猎熊游戏

可以用装有沙子、泥、砾石、鹅卵石等不同材料的托盘来进行，用一根绳子引导儿童通过，也可以在穿着鞋子体验之后，尝试光着脚，戴上眼罩体验。

寻觅和探索

这些是吸引大多数儿童参与和感兴趣的方法，主要目的是收集花园、公园等区域里散落的而不能再生长的物品，例如枯叶、羽毛、石头、树枝、坚果、种子、鹅卵石、蜗牛壳等。可以用鸡蛋盒、不干胶卡、各种袋子以及容器来收集和展示寻觅到的宝藏，然后用它们来制作雕塑、风铃等。

夜间活动

特殊的夜间活动有无穷的乐趣，对于很少在黑暗中长时间外出的儿童来说，这往往是一种不同寻常的学习体验。花园或户外区域可以用来庆祝节日，围绕着一棵树或在儿童装饰的花园里唱节日歌曲。家人可以来幼儿园，享受热巧克力和自制蛋糕。

热带雨林或其他主题的故事盒

这是开启冒险的好主意，带上迷彩网、头盔、对讲机、望远镜、笔记本和铅笔、地图、野生动物书籍、指南针、手电筒、水壶、弹出式帐篷、背包等。

粉笔和黑板

我们可以很容易地用黑板漆在一个平面上实现。我们也可以用塑料屏风和粉末颜料，因为活动结束后很容易清洗。

艺术/科学挑战

在与驻校科学家贾斯敏博士多次合作之后，我们发现艺术和科学的联系之紧密。我们最喜欢的两个活动是钟摆画和照片盒颜料纸炮（photo box paint poppers）。钟摆画，用一段绳子把漏斗悬挂在一个框架上，漏斗里注满不同颜色的液体颜料，然后在纸或织物上方旋转，可以创造一些奇妙的旋转和弧形图像，这在图式和科学性方面都很有趣。照片盒颜料纸炮，使用35毫米胶片盒（或类似有紧盖子的物品）、半块泡腾片和一茶匙粉末颜料。加一点醋，把盒盖放在一张大纸上，然后站在后面。

车库、洗车、擦窗、喷漆角色扮演

可以用大的空心积木搭建一个斜坡，来抬升车辆进行清洗。轮胎、洒水壶、软管、桶、抹布、刷子、滚筒和海绵增强了场景的真实性。另一个盒子装汽车零件和一些工具，如扳手、汽车手册和杂志，这样就可以很容易地发展成车库角色扮演游戏。

道路安全/建筑场地的角色扮演

需要提供安全帽、锥筒、标志牌、铁锹、轮式手推车、设计图和轮式设备。塑料写字板和标志牌也可以为标记制作增加真正的机会。

原木和灌木丛区域

这些地方可以被儿童创造性地用来作为他们自己的藏身之处，或者用来创建小窝。原木也是很棒的垫脚石。

牛奶和蘑菇板条箱

这些可以用于建造结构、障碍球场、车辆或创造性的活动（如编织）等。在废料桶里发现的如电缆卷筒等物品也可以被添加到自然桌和展示区域。

收集单一或特殊的松散件

一些关键的资源，全年都可以以各种灵活的和创造性的方式使用。它们通常是没有用的，但是作为松散件会提升儿童的学习价值和可能性。以下是我强烈建议早期学校或机构应准备的资源：

- 一段你能找到的非常粗的绳子，以及其他长度和粗细的绳子。
- 一个或两个建筑托盘。
- 一大块用来锤打的木头。
- 一把用于完成合作任务的弓形锯。
- 一把长柄剪，把木材的长度切割成建造巢穴所需的尺寸。
- 弹簧夹、大型夹持夹和用于将织物固定在巢穴上的大型夹等。
- 银色织物带和美纹纸胶带。
- 照片袋，以展示最近的活动和经历。
- 纱丽和其他的织物。
- 迷彩网。
- 防潮布和不同尺寸的防水油布。
- 制作不同大小的神奇盒的工艺品和其他物品。

十六、总结

每个季节和每种天气类型都各有其乐趣和挑战。冒险无时不有，无处不在。教师需要进行仔细的观察、高质量的计划和深度评估，无论什么地点或天气，将冒险的可能性和拓展性最大化。

附录

1. 户外游戏制度

切尔西露天幼儿园和儿童中心

户外游戏

本制度将遵循制度周期并由切尔西露天幼儿园进行监测和评估

制 定 日 期：1997

上次审查日期：2013

下次审查日期：2016

管 理 者 批 准：

切尔西露天幼儿园和儿童中心签署：

_____

管理机构签署：

_____

☞ 引言

为什么需要户外游戏制度？

游戏是每个儿童生活的重要组成部分，对人类发展的进程也至关重要。它为儿童提供了探索周围世界的途径，以及发展和实践技能的媒介。它对于身体、情感和精神的成长，智力和教育的发展，以及获得社交和行为技能颇为重要。

N. V. C. C. P. Charter

理念分析

我们相信，儿童通过户外游戏来学习，能够实现对室内学习的补充和加强。我们的目标是：

- 为所有儿童提供高质量、有挑战、安全和方便的游戏。
- 提供与室内相似但又有所不同的、精心计划的且有吸引力的户外活动。
- 提供可以扩展和改善儿童的学习和幸福感的环境，不受天气影响。
- 充分利用几乎不受管控的环境。
- 拓展儿童可以体验到的户外学习的范围。
- 实现《早期基础阶段法定框架》对户外和室内的学习要求。

👉 学习、教学以及照护的机会

1. 独立自主。
2. 主动性和创造性。
3. 自己做选择和决定。
4. 冒险和解决问题。
5. 在不同的群体中学习和游戏，而且并不总是受成人的控制或支持。
6. 发展个人的兴趣，找到自己的边界。
7. 与他人进行沟通、合作和协商。
8. 体验一种冒险感、兴奋感和愉悦感。
9. 发展精细动作和粗大动作技能。
10. 培养支持情感健康的身体技能。
11. 培养对看到、摸到、闻到和听到的事物的欣赏能力。
12. 在自然界中培育一种敬畏感和惊奇感。
13. 体验不同季节的丰富多彩。
14. 发展对自然环境的知识和理解，例如生命周期。
15. 通过积极的体验、发现和实践，发展和拓展认知技能（数学、科学、地理、语言、推理、逻辑）。
16. 参与新的体验。

17. 重温、重复、重现、回忆、构建和改造以前的经验。

18. 拥有进行实验、观察、假设、推导结论的机会。

19. 体验安静和隐蔽的地方，例如巢穴、帐篷。

但除此之外，还有更多的东西……那些花园里我们非常喜欢和极其珍视的，一些非常非常特别的东西，我们认为这些正是童年本质的一部分。这是一个充满想象、童话、魔法、装扮、魅力、故事……令人兴奋的幻想世界。

☞ 付诸实践的制度

1. 必须始终有两名教师（不包括支持有个体需要的儿童的教师），除非户外的儿童很少（不超过5名）。

2. 教导儿童相互关心和彼此尊重，爱护植物、动物和环境。

3. 儿童可以在合适的时候，在花园周围移动大的或重的物体（如木板、盒子或梯子）来建造他们自己的建筑。我们向儿童示范独自或者和朋友一起移动这些物体的最好方法，并鼓励儿童要求我们帮助测试建造物的安全性。

4. 儿童可以坐在或跪在池塘旁边，但不能在防护网上行走或往水里扔东西。

5. 儿童可以在遵循木工活动指南的前提下使用木工工具，在成人的监督下使用园艺工具。

6. 沙子应留在沙坑中，除非在其他地方有特别的用途。

7. 当花园潮湿泥泞时，鼓励儿童穿雨靴。

8. 所有我们自己为儿童搭建的攀爬设施，在使用之前必须进行安全测试。

9. 教儿童在攀爬时应遵循的安全规则。不允许手里拿着玩具攀爬。攀爬时不允许推、拉或抓同伴。出于安全考虑，攀爬时不要穿角色扮演的鞋、又长又飘逸的化妆服或像披风一样的外套。

10. 为儿童提供多样而平衡的室内外课程。

11. 为特殊设备指定区域，例如轮式玩具、弹跳球和高跷。

12. 轮椅应尽可能地进入花园的所有区域。

13. 露天剧场的边缘或有机玻璃地面不能作为攀爬区域。

14. 为儿童提供关于他们周围世界的诚实而恰切的答案。

15. 天气暖和时，儿童可以光脚走。应安全地存放袜子和鞋子。

16. 由一名教师持续地监管小火，并进行适当的风险评估。

17. 在对环境进行风险评估的前提下,应充分利用常见的天气。

2. 观察模版

姓名:
背景:
观察:
重要意义和下一步可能的措施:
观察者:　　　　　　　　　　日期:

3. 计划模版：成人聚焦的活动

成人姓名：

课程领域：
我期望儿童能学到什么：
资源：
活动：
词汇：
评价：

4. 日常工作坊计划

	星期一	星期二	星期三	星期四	星期五
特殊事件					
花园					
运动					
信息与通信技术（ICT）					
关于世界的知识和理解（K&U）					
沟通、语言和读写（CLL）					
数学					
建构					
音乐					
想象游戏					
创作					
触觉					

红笔＝花园　黑笔＝室内　彩笔记号＝焦点活动

5. 每周计划模版

学习意图/知识/ 技能/态度	室内外自发学习的 区域和资源	计划的活动和 经验	成人的输入和 特定语言输入
个性、社会性和情感 （PSRN）			
沟通、语言和读写 （CLL）			
数学发展 （MD）			
关于世界的知识和理解 （KUW）			
信息与通信技术 （ICT）			
身体发展 （PD）			
创造力发展 （CD）			

红色＝花园　绿色＝特定的 SEN　黑色＝室内　彩笔记号＝焦点活动

6. 外出活动助手指南

切尔西露天幼儿园和儿童中心
外出活动助手指南
(外出活动)

上述制度将遵循制度周期并由切尔西露天幼儿园进行监测和评估

制 定 日 期:

上次审查日期:

下次审查日期:

管理者批准:

切尔西露天幼儿园和儿童中心签署:

_____

管理机构签署:

_____

☞ 有关外出活动助手的注意事项

1. 要通过陪伴儿童参访/探险来支持和拓展他们的学习。这包括与他们聊聊他们感兴趣的事情，并激发他们的兴趣和问题意识。

2. 教师最多只能牵两名儿童的手。这意味着不能推着婴儿车或牵着一个蹒跚学步儿的手。

3. 随时注意儿童的安全，如果有任何疑问，请与负责的教师确认。若出现严重的情况，如果可能的话，请仔细按照教师的指导行事，否则，请运用常识，尽快把自己和儿童转移到一个安全的地方。

4. 在离开机构之前，可以向负责的教师询问你所需要的关于参访/活动的任何详细信息，因为你在与成人交谈时很难有效关注你所负责的儿童。

5. 显然，在照顾和关注儿童时，无须再提示成人不得吸烟、饮酒、使用手机等。

6. 小背包或类似的东西有助于你携带必需品，从而解放你的双手。

7. 请遵循底线，像对待你自己的孩子一样对待你所照顾的儿童。如有任何担忧或困难，请立即咨询负责的教师。

7. 天气盒子

雨天的活动

资源	活动
雨天的着装 ● 外套 ● 雨靴 ● 多功能套装 ● 雨伞 **不同大小的容器** ● 瓶子 ● 杯子 ● 托盘 ● 碗 ● 罐子 ● 管子 包括由不同材料制成的容器（例如：玻璃、塑料、纸张、卡片和铝箔纸） **不同的材料** ● 织物/布 ● 木头 ● 纸张 ● 塑料 ● 铝箔纸 ● 玻璃 **痕迹创作工具** ● 画笔 ● 粉笔 创建巢穴和庇护所的防水油布。 沙子被淋湿会怎样？（黏稠度、质感等） 食用色素 调和颜料 烹饪用油 粉末颜料 纸盘	用不同的容器收集雨水，并测量降雨量。使用包括纸张、卡片等不同材料制成的容器。哪个容器收集的雨水最多？为什么？下雨时纸箱会怎么样？（PSRN 和 KUW） **缩小的水洼** 用粉笔环绕水洼做记号，观察水蒸发和水洼缩小的速度。与儿童讨论发生了什么，水到哪儿去了。（KUW） **溅水花** 当儿童穿着多功能衣服时，他们喜欢在水洼里跳跃和行走。谁能溅起最大的水花？水洼有多深？（PSED 和 KUW） **小熊的防水外套** 向儿童展示可供选择的不同的材料，并鼓励他们预测哪一件是小熊最好的防水外套。调查、测试，并为小熊做一件外套。哪种材料制作防水外套最好？（KUW） **蜘蛛网** 寻找蜘蛛网，观察雨滴如何附着在不同的网线上，并说说所能看到的形状和样子。（KUW 和 PSRN） **听雨** 听雨落进由不同材料制成的容器时发出的声音。鼓励儿童说说这些声音之间的区别。当雨落在铝箔容器/玻璃容器中时，听起来像什么？（KUW 和 CLL） **涟漪** 观察雨滴落在水洼或水容器里或扔进一块鹅卵石时会发生什么。（涟漪，飞溅）如果你吹水时会发生什么？（KUW） **痕迹创作** 把雨水收集在容器中，用画笔在墙壁、地面等处做标记。用粉笔在潮湿的地上做标记。（CLL） **彩虹水洼** 在水洼中加入少量食用色素或调和颜料，观察会发生什么。如果加入少量的食用油会怎么样？例如，创造了一个彩虹的效果。（CD）

续 表

资源	活动
"造雨机" ● 带盖子的空苏打水瓶 ● 豆子 ● 种子 ● 意大利面 ● 稻米	**雨的绘画** 把少量食用色素或粉末颜料涂在纸板上，将纸板在雨中保持大约一分钟。观察雨滴如何与颜料混合并形成图案。鼓励儿童观察图案并进行讨论。（CD） **雨的音乐** 鼓励儿童用空的苏打水瓶制作"造雨机"。在瓶子里装满干沙、豆子、种子、意大利面或稻米，然后把盖子拧紧。摇动或慢慢翻转瓶子，模仿雨的声音，唱关于雨的歌曲。（CD）
书籍	
《下雨天》（*The Rainy Day*），安娜·米尔伯瑞（Anna Milbourne） 《阿尔菲的天气》（*Alfie's Weather*），雪莉·修斯（Shirley Hughes） 《邮递员派特叔叔的下雨天》（*Postman Pat's Rainy Day*），约翰·坎利夫（John Cunliffe） 《露比的下雨天》*Ruby's Rainy Day*，露丝玛丽·威尔斯（Rosemary Wells）	《奇普的下雨天》（*Kipper's Rainy Day*），米克·英克潘（Mick Inkpen） 《奇普的天气书》（*Kipper's Book of Weather*），米克·英克潘（Mick Inkpen） 《小鼠波波的天气书》（*Maisie's Wonderful Weather Book*），露西·卡曾斯（Lucy Cousins） 《小波的下雨天》（*Spot's Rainy Day*），艾瑞克·希（Eric Hill） 《下雨天》（*Rainy Day*），詹妮弗·S. 伯克（Jennifer S. Burke）
儿歌和童谣	
小雨滴 这是太阳，高高悬挂在天空。 一片乌云疾驰而过。 这些是雨滴， 啪嗒啪嗒，哗啦哗啦地落下。 浇灌生长在地下 花的种子。 **雨中的乐趣** （按照《三只瞎老鼠》的曲调） 雨，雨，雨。雨，雨，雨。 滴答，滴答，啪嗒！ 滴答，滴答，啪嗒！ 穿上靴子、外套和帽子， 跳进小水洼，快躲开！ 踩来踩去，变成一只落汤鸡， 雨，雨，雨。雨，雨，雨。 **正在下雨，倾盆大雨** 正在下雨，倾盆大雨， 这位老人正在打鼾。 他撞到了头，然后上床睡觉了， 他早晨起不了床。	**小蜘蛛** 小蜘蛛， 爬上了水管。 雨来了，把蜘蛛冲了出去。 阳光来了，把所有的雨水都晒干。 于是，小蜘蛛又爬上了水管。 **我听到了雷声** （按照《两只老虎》的曲调） 我听到了雷声，我听到了雷声， 听，不是吗？ 听，不是吗？ 啪嗒啪嗒的雨滴， 啪嗒啪嗒的雨滴， 我浑身湿透。 你也一样。 **福斯特医生** 福斯特医生冒雨去了格洛斯特， 一脚踩进了水坑， 水淹到他的腰， 他再也不去那儿了。

刮风天的活动

资源	活动
刮风天的着装 ● 外套 ● 多功能套装 **捕风的物品** ● 丝带 ● 围巾 ● 彩带 ● 旗子 ● 风筝 ● 五彩纸屑 ● 风向袋 ● 肥皂泡 ● 风车 **制作自己的风筝/旗子** ● 棍子 ● 吸管 ● 纸张 ● 卡片 ● 报纸 ● 纸巾 ● 塑料塑胶片 ● 剪刀 ● 胶条或透明胶带 ● 细线或绒线 ● 风铃（木制的和金属的） **制作自己的风铃** ● 外套衣架 ● 细线或绒线 ● 勺子（金属的和塑料的） ● 铃铛 ● 棒棒糖棒 ● 蛋杯（木制的和塑料的） **纸飞机** ● 普通纸 ● 报纸 ● 薄页纸 ● 铝箔纸 ● 防油纸 ● 包糖纸 **调和颜料** ● 纸盘或数张纸 ● 晾衣绳和晾衣夹 ● 洗碗盆 ● 可供选择的玩偶娃娃衣服 ● 水盘 ● 玩具船	**观察风** 让儿童玩丝带、围巾、彩带和床单，鼓励他们追风跑。把风向袋固定在树枝或栅栏上，观察它们如何在风中运动。把五彩纸屑或树叶抛到空中，观察它们如何飘浮和被风吹起来的。吹肥皂泡，看看它们飘浮和飘走。举着风车，看看它快速旋转。鼓励儿童谈论自己观察到的事情。(KUW) **放风筝** 使用不同形状的风筝，向儿童演示如何放风筝并正确地控制它们。观察它们在空中飞翔时的动态。(PSRN 和 PD) **制作风筝** 调查、制作并测试哪些材料可以制作风筝。哪只风筝飞得最高？哪只风筝在空中停留的时间最长？(KUW 和 CD) **风铃** 在户外挂各种各样木制和金属制成的风铃，听它们在风吹时发出的声音。用不同的材料来制作自己的风铃（例如，金属和塑料勺子、铃铛、棒棒糖棒、木制和塑料蛋杯）。用细线把风铃固定到衣架上，金属风铃听起来像什么？这种声音和木制的风铃有什么不同？(KUW 和 CD) **听风** 听风从卡片和塑料管呼啸而过发出的声音。如果管子变得更窄了，声音会发生什么变化？(KUW) **纸飞机** 调查、制造并测试哪种纸最适合制造飞机。哪架飞机飞得最远？哪架飞机在空中停留的时间最长？(KUW 和 CD) **风力有多大？** 利用不同的材料和物体来探究风的强度，例如，羽毛、石头、卡片、木头、金属和纸板。哪些物体在风中会移动或被吹走？哪些物体没有移动？鼓励儿童说说发生了什么以及为什么。(PSRN 和 KUW) **用风作画** 使用稀释的调和颜料，放几滴在一个纸板或一张纸上。将纸板放在户外，在那里风能够吹到颜料并创造图案。或者用吸管把颜料吹在纸板的周围。鼓励儿童查看所创建的模式和设计，并进行讨论。(CD) **晾衣绳** 让儿童洗玩具娃娃的衣服和其他衣服，然后用晾衣夹挂在绳子上晾干。哪件衣服干得最快？衣服挂在晾衣绳的过程中发生了什么？(KUW 和 PSED) **其他的活动** 制作一面旗子。 为一个玩具做个降落伞。 观察并谈论当风吹过水时会发生什么。（涟漪、波浪） 为一艘玩具船做个帆，在水盘里测试，看看它是否能随风移动。

资源	活动
书籍①	
《奇普的刮风天》（*Kipper's Windy Day*），米克·英克潘（Mick Inkpen） 《奇普的天气书》（*Kipper's Book of Weather*），米克·英克潘（Mick Inkpen） 《风暴过后》（*After the Storm*），尼克·巴特沃斯（Nick Butterworth） 《风吹起来》（*The Wind Blew*），帕特·哈钦斯（Pat Hutchins） 《蒂奇的刮风天》（*Titch's Windy Day*），帕特·哈钦斯（Pat Hutchins） 《阿尔菲的天气》（*Alfie's Weather*），雪莉·修斯（Shirley Hughes） 《小波的刮风天》（*Spot's Windy Day*），艾瑞克·希尔（Eric Hill）	《艾玛与风》（*Elmer and the Wind*），大卫·麦基（David Mckee） 《艾玛的天气》（*Elmer's Weather*），大卫·麦基（David Mckee） 《小鼠波波的天气书》（*Maisie's Wonderful Weather Book*），露西·卡曾斯（Lucy Cousins） 《沃伦和大风的日子》（*Warren and the Very Windy Day*），莉安·佩恩（Liane Payne） 《刮风天》（*The Windy Day*），安娜·米尔伯瑞（Anna Milbourne） 《暴风雨之夜》（*One Stormy Night*），鲁斯·布朗（Ruth Brown） 《刮风天》（*Windy Days*），詹妮弗·S. 伯克（Jennifer S. Burke）
儿歌和童谣	
让我们去放风筝吧 让我们去放风筝吧 飞得最高最高 让我们去放风筝吧 让它翱翔天空 飞越云层 飞到空气清亮的地方 哦，让我们去放风筝吧。 当你把它放飞到那里的时候， 你立刻变得比空气还轻盈！ 你可以在微风中跳舞， 在房顶，在树梢上！ 握紧你的拳头， 牵住风筝的线！	**风** 有一天，风刮来了， 它驱散了云团。 它吹走了树叶，呼啸而过， 树弯下了腰，树枝也低下了头， 风吹动大海上的巨轮， 风吹走了我的风筝。 **云在浮动** （按照《两只老虎》的曲调） 云在飘浮，云在飘浮， 飞得这么高，飞得这么高， 飘浮在我们上方，飘浮在我们上方， 飘浮在空中，飘浮在空中。

---

① 作者提供了与风有关的丰富的绘本资源，除此之外读者也可以关注玛丽·荷·艾斯创作（Marie Hall Ets）的绘本《风喜欢和我玩》（*Gilberto and the Wind*），这本绘本生动地呈现了与本书该部分提及的若干关于风的活动。——译者注

霜冻天和下雪天的活动

资源	活动
下雪天的着装 ● 外套 ● 多功能套装 ● 围巾 ● 羊毛帽 ● 手套 ● 靴子 ● 镜子 ● 放大镜 ● 温度计 ● 在显微镜下雪花的照片 **做一片雪花** ● 白纸 ● 锡纸和金色箔纸 ● 剪刀 **供选择的容器** ● 杯子 ● 托盘（内装小冰块） ● 碗 ● 果冻模具 ● 食用色素 ● 小亮片 ● 小玩具（例如，玩移动人偶 play mobile figures） ● 气球 ● 大的空沙托盘 ● 玩沙工具（铲子、叉子和桶） ● 迷你玩具 ● 交通工具（扫雪机和雪橇） ● 动物（北极熊、北极狐狸、海豹、海象、狼和哈士奇） 装有雪或冰的托盘 盐 沙 画笔 棍子 空喷雾瓶 食用色素	**雪花** 用放大镜仔细观察雪花、冰柱和霜冻。近距离地向儿童展示真实的雪花照片，鼓励他们谈论自己能看到的形状和模式。（KUW 和 PSRN） **做一片雪花** 借助圆形物体在一张白色、锡纸或金色箔纸上画一个圆形，然后剪下来。把圆圈对折三次，直到它看起来像一片馅饼。把折叠好的圆圈放在一起，用剪刀剪出不同的形状、图案、螺旋和穗子（注意：不要剪掉太多的折叠的边缘）。展开圆圈，你就做成了自己"独特的"雪花。（CD 和 PSRN） **冰水** 在选定的托盘和容器中注满水，放在户外冷冻。在水中添加食用色素、小亮片和其他物体。看看水结冰时会发生什么。试着给气球装满水，然后把它留在户外冷冻。（KUW） **雪地上的脚印** 让儿童享受在霜冻或雪地中行走，踩出脚印，听它们发出的"嘎吱"声音。鼓励儿童玩游戏，例如：跟随我的脚印——儿童必须把脚放在前面人的脚印上，而不踩出新的脚印。（PSED） **蜘蛛网** 寻找蜘蛛网来观察霜冻和冰柱是如何附着在不同的网线上的，并谈论儿童所能看到的形状和样子。（KUW 和 PSRN） **玩雪** 如果天气允许，比如一夜之间下了很多雪，可以收集一些雪放在一个空沙盘里让儿童玩。他们可以使用挖沙工具、迷你交通工具和动物来创造一个想象中的北极环境。（CLL 和 PSED） **寒冷对你身体的影响** 当儿童感觉到寒冷时，鼓励他们说说身体的感觉。（例如：起鸡皮疙瘩，呼出雾蒙蒙的气）为儿童提供镜子，以便他们观察在户外说话时呼吸空气发生了什么。（PSED 和 KUW） **融化雪** 让儿童观察当你向雪或霜或冰里加盐或沙子时，会发生什么。用装有冰或雪的托盘做实验，鼓励儿童观察发生了什么，说说冰是如何融化的。（KUW） **用雪书写** 给儿童一根棍子或鼓励他们用画笔的末端在雪或霜或冰上划出印记。（CLL） **用雪作画** 在喷雾瓶里装满冷水，加入几滴食用色素，这样就有了红、蓝、黄的水。确保瓶里有足够的色素，一旦它们被喷在雪上就能看见。让儿童通过喷洒彩色的水，在霜冻或雪上进行实验和创造图画或模式。（CD）

续表

资源	活动
书籍	
《奇普的雪天》（*Kipper's Snowy Day*），米克·英克潘（Mick Inkpen） 《奇普的天气书》（*Kipper's Book of Weather*），米克·英克潘（Mick Inkpen） 《雪中的艾玛》（*Elmer in the Snow*），大卫·麦基（David Mckee） 《艾玛的天气》（*Elmer's Weather*），大卫·麦基（David Mckee） 《蒂奇的雪天》（*Titch's snowy Day*），帕特·哈钦斯（Pat Hutchins） 《沃伦和下雪的日子》（*Warren and the Snow Day*），莉安·佩恩（Liane Payne）	《下雪天》（*The Snowy Day*），安娜·米尔伯瑞（Anna Milbourne） 《雪夜》（*One Snowy Night*），尼克·巴特沃斯（Nick Butterworth） 《雪人》（*The Snowman*），雷蒙德·布里格斯（Raymond Briggs） 《阿尔菲的天气》（*Alfie's Weather*），雪莉·修斯（Shirley Hughes） 《小鼠波波的天气书》（*Maisie's Wonderful Weather Book*），露西·卡曾斯（Lucy Cousins） 《邮递员派特叔叔雪天送信》（*Postman Pat's Snowy Delivery*），约翰·坎里夫（John Cunliffe）
儿歌和童谣	
我是一片小雪花 （按照《我是一个小茶壶》的曲调） 我是一片小雪花， 小小的，白白的。 当月光照耀时， 我晶莹剔透。 当你看到我飘落时， 出来玩。 今天你可以和我一起堆雪人。	**毛茸茸的雪花** （按照《伦敦大桥垮下来》的曲调） 毛茸茸的雪花落下来， 落下来，落下来， 毛茸茸的雪花落下来， 快乐的，快乐的雪花。 **我是一个小雪人** （按照《我是一个小茶壶》的曲调） 我是一个小雪人，圆圆的，胖胖的。 我有一条羊毛围巾 和一顶小羊毛帽。 当下雪的时候， 出来玩。 今天你可以和我一起堆雪人。

晴天的活动

资源	活动
晴天的着装 ● 遮阳帽 ● 太阳镜 ● 短裤和T恤 ● 拖鞋 ● 凉鞋 ● 太阳伞 可供选择的不同形状的物体 粉笔 一根有加重底座的棍子 大张纸 可密封的塑料袋 黑色纸 白色纸 箔纸 彩色树脂镜片（红色、蓝色、黄色） **阳光悬挂饰物** ● 衣架 ● 光盘 ● 棱镜 ● 金属勺 ● 小镜子 ● 玻璃按钮 ● 玻璃珠 ● 线 肥皂泡 晾衣绳和晾衣夹 洗碗盆 可供选择的玩偶娃娃衣服 **角色扮演区** ● 可供选择的遮阳帽 ● 可供选择的太阳镜 ● T恤 ● 短裤 ● 游泳衣 ● 游泳镜 ● 浮潜装置 ● 拖鞋 ● 凉鞋 ● 充气臂圈 ● 轻便折叠式躺椅 ● 帐篷	注意：晴天在户外游戏的一个重要方面是培养儿童对"阳光安全"的意识。 **影子** 用手或真实的物体与玩偶一起玩游戏。儿童能猜出他们是什么吗？与影子玩游戏。你能追逐自己的影子吗？当你移动时，你的影子会怎么样？（KUW） **影子画** 用粉笔绘制不同物体的影子。儿童能将物体与影子匹配吗？鼓励儿童尝试沿着不同形状物体的影子绘画。他们也可以围绕朋友的影子画画，获得乐趣。如果他们试图围绕自己的影子画，又会发生什么？（CD和KUW） **日晷** 把一根棍子放在一张大纸的中央，底部放置重物，以保持固定。围绕着木棍的阴影在纸上画，用图片符号记录一天中的时间。继续画木棍的阴影轮廓，选择对儿童有意义的特殊时刻（例如：签到时间、点心时间、游戏时间、午餐时间、集中时间、离园时间等）和儿童讨论：白天木棍的阴影发生了什么变化？他们注意到了什么？阴影移动了吗？阴影的大小有变化吗？（PSRN和KUW） **太阳有多热？** 将几个塑料袋注入冷水，封严。用不同的材料覆盖每个袋子：白纸、黑纸和箔纸。把袋子放到户外，在阳光直射下放几个小时，然后打开袋子来测试里面的水温。哪个袋子里的水最热？为什么？（KUW） **彩色玻璃** 鼓励儿童用彩色的树脂镜片来观察户外的物体。（例如：树木、鸟类、草、建筑物等）他们注意到了什么？用不同颜色进行实验。如果透过黄色和蓝色的树脂镜片看，物体会是什么颜色？（CD和PSRN） **阳光悬挂饰物** 把一些闪亮的玻璃物体挂在衣架或树枝上，鼓励儿童观察太阳反射或照射在它们身上时会发生什么。（KUW） **肥皂泡** 不管什么天气，儿童都喜欢玩肥皂泡，但在阳光明媚的天气里，看着阳光反射出来的泡泡形成彩虹会特别有趣。儿童能在泡泡飘走之前抓住泡泡吗？谁能吹出最大的泡泡呢？谁能吹出不同形状的气泡呢？（PSRN、KUW和CD） **晾衣绳** 让儿童洗玩具娃娃的衣服和其他衣服，然后挂在绳子上晾干。哪件衣服干得最快？当衣服挂在晾衣绳上时发生了什么？（KUW和PSED）

续 表

资源	活动
水托盘和玩水的玩具 沙盘和玩沙的玩具 用来做巢穴的防水油布或者床单 供选择的标记工具和简单的户外用具	**角色扮演** 创设一个度假胜地，提供装扮的衣服和晴天用的道具，支持儿童发挥想象力。（PSED 和 CLL） **其他活动** 创建一个阴凉的区域或建造一个小窝。 沙水游戏。 用粉笔、画笔和水壶进行痕迹创作。
书籍	
《热天》(*Hot Days*)，詹妮弗·S·伯克（Jennifer S Bruke） 《晴天》(*Sunny Days*)，詹妮弗·S·伯克（Jennifer S Bruke） 《奇普的晴天》(*Kipper's Sunny Day*)，米克·英克潘（Mick Inkpen） 《奇普的天气书》(*Kipper's Book of Weather*)，米克·英克潘（Mick Inkpen）	《晴天》(*The Sunny Day*)，安娜·米尔伯瑞（Anna Milbourne） 《艾玛和彩虹》(*Elmer and the Rainbow*)，大卫·麦基（David Mckee） 《艾玛的天气》(*Elmer's Weather*)，大卫·麦基（David Mckee） 《小鼠波波的天气书》(*Maisie's Wonderful Weather Book*)，露西·卡曾斯（Lucy Cousins） 《阿尔菲的天气》(*Alfie's Weather*)，雪莉·修斯（Shirley Hughes）
儿歌和童谣	
我是安全的太阳 （按照《老麦克唐纳有个农场》的曲调） 我整天都很阳光安全，伊啊伊啊哟。 我戴着一顶帽子遮住脸。伊啊伊啊哟。 这儿有一顶软帽，那儿有一顶软帽， 到处都是一顶软帽。 我整天都很阳光安全，伊啊伊啊哟。 用其他的句子重复歌曲 "我戴着太阳镜来保护我的眼睛" "这里戴着墨镜……" "我在身上涂了防晒霜" "这里涂了防晒霜……" "我坐在阴凉的地方" "这里有阴凉的地方……"	**太阳已经戴上了帽子** 太阳已经戴上了帽子 嘿-嘿-嘿-嘿！ 太阳已经戴上了帽子， 它要出来玩了。 我们都会很开心， 嘿-嘿-嘿-嘿！ 太阳已经戴上了帽子， 它今天要出来了。 **彩虹之歌** 红、黄、靛、绿， 紫、橙、蓝。 我可以唱出一道彩虹， 唱出一道彩虹， 你也唱出一道彩虹！

雾天的活动

资源	活动
雾天的着装 ● 外套 ● 围巾 ● 手套 反光背心或搭肩衫 可供选择的强光手电筒 镜子 **高能见度材料** ● 反光臂带 ● 反光徽章 ● 反光棒 ● 银箔 ● 发光物体 ● 白纸 荧光颜料 发光笔 **夜光物体** ● 项链 ● 手镯 ● 棍子 ● 贴纸 **制造雾** ● 玻璃瓶 ● 过滤器 ● 水 ● 小方块冰	**角色扮演** 创设一个有警察、救护车和消防人员等角色的急诊科扮演游戏区。使用带有反光背心/搭肩衫的装扮服装,包括自行车和其他车辆上的照明。让儿童考虑道路和路线,以及如何在雾中找到路线。例如"猫的眼睛"(猫眼路灯)。(PSED、CLL 和 PD) **手电筒光** 鼓励儿童尝试使用不同类型的手电筒。彼此保持一定的距离,用手电筒相互照。当在雾中打开手电筒时,光会发生什么变化?其他人能透过雾看到手电筒的光吗?他们能数出灯光闪了多少次吗?(KUW 和 PSRN) **捉迷藏** 戴上反光带或徽章,彼此保持一定的距离。用手电筒找朋友,看看是否能从反光带或徽章上反射出来的光线找到朋友在哪里。(KUW) **发光的绘画** 使用荧光颜料和荧光笔为角色扮演区绘制图片或警示标志。哪种颜色在雾/黑暗中最容易被看到?(CD) **物体反光** 探究哪些物体反射光,用手电筒在雾中来对它们进行测试。(KUW) **制造雾** 把瓶子装满热水,大约放一分钟。在瓶子里留下大约 3 厘米的水,把其余的水都倒出来。将过滤器放在瓶子顶部的开口上。在过滤器中放置三四块冰块。鼓励儿童密切观察瓶子,讨论会发生什么。冰块里的冷空气与瓶子里温暖潮湿的空气混合,就会形成一种神秘的雾。(KUW)
书籍	
《邮递员派特叔叔的雾天》(*Postman Pat's Foggy Day*),约翰·坎里夫(John Cunliffe) 《多云的日子》(*Cloudy Days*),詹妮弗·S. 伯克(Jennifer S. Burke) 《奇普的天气书》(*Kipper's Book of Weather*),米克·英克潘(Mick Inkpen)	《艾玛的天气》(*Elmer's Weather*),大卫·麦基(David Mckee) 《小鼠波波的天气书》(*Maisie's Wonderful Weather Book*),露西·卡曾斯(Lucy Cousins) 《阿尔菲的天气》(*Alfie's Weather*),雪莉·修斯(Shirley Hughes)

儿歌和童谣	
雾 我喜欢雾 又软又凉， 它无处不在 它在上学的路上。 我看不见一所房屋， 看不见一棵树， 因为雾在跟我做游戏。 太阳出来了 雾消失了， 但它还会回来 在某一天。	雾天 当我走到外面，环顾四周时， 地上好像有一团云。 很难看得见，一切都是灰色的， 这是一个雾天。 小心翼翼地走， 无论你要去哪里。 好像来自天空的一条毯子， 这是你和我的雾天。

8. 适合男孩们的挑战活动

- 进行一场寻宝游戏，寻找代替画笔的材料。
- 尝试在冰块上绘画和染色。
- 做一个面团怪物或你最喜欢的食物。
- 用钳子、钉子、夹子和打孔器来做一个小窝。
- 制作一个与一本书相联系的主题木偶。
- 做一份小鸟水果沙拉。
- 制作一个核心词汇的普林格尔皮纳塔（Pringle Pinata of core words）。
- 用葡萄干和牙签来创建一个结构。
- 用蜡笔给汽车涂色。
- 为一只虫子或汽车喷颜色。
- 创作一个盐冰雕塑。
- 使一座沙火山喷发。
- 颜料炸弹跳。
- 用投影仪投射出一个怪物小昆虫。
- 骑羊角球假装骑士格斗。

9. 户外丰富的特殊图式

☞ 搬运

这是指儿童对四处移动,把物体从一个地方移到另一个地方感兴趣。教师需要提供轮式玩具以及袋子、桶、篮子和容器等材料,将物品从一个地方移动到另一个地方,以及便于儿童以不同的方式在空间中移动的其他设备和各种运送的容器。这些儿童也喜欢野餐,喜欢排空或注满戏水池。

☞ 轨迹

这是指儿童对物体和人如何移动,及其如何影响运动感兴趣。教师应该为非常积极和充满活力的学习做好准备,因为儿童通过跳跃、摇摆、滑动、反复投掷和上下攀爬而拥有了非常好的身体技能。一系列不同类型的积木、梯子、滑梯、攀爬设备、球、铁环、轮胎,以及较小的用来切割、敲击、撕、锯、轻弹等的材料,可以通过喷绘和木工等进行创作活动。

☞ 连接

这是指儿童对把东西连接在一起或拆开感兴趣。教师需要提供材料,如火车轨道、细线、建筑模型、带子、胶带、绳子,帮助儿童探究如何把不同的东西以不同的方式连接在一起。对连接感兴趣的儿童特别享受拆解旧机器,解开绳结或拉链。

☞ 旋转

这是指儿童对转动的东西产生了兴趣,比如把手、钥匙、水龙头和发条玩具。他们也会绕圈跑,常常头晕目眩,或用颜料画画呈现圆圈和螺旋式图案。他们需要空间来玩圆圈游戏,推独轮手推车和婴儿车,旋转伞或打开彩虹伞,旋转悬铃木翅果,展开和重新缠绕软管,旋转铁环、大大小小的球以及轮子。

☞ 封闭/包裹

这是指儿童对创建或占有封闭空间感兴趣。有些空间可能是满的,也可能是空的,这些儿童占有欲强。因此，教师应该提供开放性的资源，这样儿童就可以躲在纸箱里，在织物下面，以及用如袋子、盒子等来隐藏小物品。用材料来制作成农场围封动物很受欢迎，特别是当儿童藏在桌子底下时。

参考文献

Abbott, L. and Nutbrown, C. (2001) *Experiencing Reggio Emilia: Implications For Pre-School Provision*. Buckingham: Open University Press.

Abbott, L. and Rodger, R. (1994) *Quality Education in the Early Years*. Buckingham: Open University Press.

Alexander, T. (1997) *Family Learning: The Foundations of Effective Education*. London: DEMOS.

Athey, C. (1990) *Extending Thought in Young Children: A Parent-Teacher Partnership*. London: Paul Chapman Publishing.

Bailey, R. (1999) 'Play, health and physical development', in T. David (Ed.) *Young Children Learning*. London: Paul Chapman Publishing.

Baker-Graham, A. (1994) 'Can outdoor education encourage creative learning opportunities?' *Journal of Outdoor and Adventure Education* 40 (11): 23–25.

Ball, C. (Ed.) (1994) *Start Right: The Importance of Early Learning*. London: Royal Society for the Encouragement of Arts, Manufacture and Commerce.

Ball, D. (2002) *Risks, Benefits and Choices*. HSE Books: Middlesex University.

Ball, D. (2004) 'Policy issues and risk-benefit trade-offs of "safer surfacing" for children's playgrounds.' *Accident Analysis and Prevention* 35 (4): 417–42.

Ballantyne, R., Connell, S., and Fien, J. (1998) 'Students as a catalyst of environmental change: a framework for researching inter-generational influence through environmental education.' *Environmental Education Research* 4 (3): 285–98.

Barber, M. (1996) *The Learning Game*. London: Victor Gollancz.

Barnes, P. (2000) *Values and Outdoor Learning*. Penrith: Association for Outdoor Learning.

Bates, B. (1996) 'Like rats in a rage.' *Times Educational Supplement*, 20 September.

Belle Beard, L. (2007) *An Outdoor Book for Girls*. Stroud: The History Press.

Bennett, N. and Kell, J. (1989) *A Good Start? Four Year Olds in Infants' School*. Oxford: Blackwell.

Bennett, N., Wood, L. and Rogers, S. (1997) *Teaching Through Play: Teachers Thinking and Classroom Practice*. Buckingham: Open University Press.

Beodie, P. (1995) 'Where are the risk takers in outdoor education? A critical analysis of two current perspectives.' *Adventure Education and Outdoor Living* 12 (4).

Berry, M. and Hodgson, C. (Eds) (2011) *Adventure Education*. Abingdon: Routledge.

Biddle, S. and Biddle, G. (1989) cited in Bailey, R. (1999) 'Play, health and physical development', in T. David (Ed.) *Young Children Learning*. London: Paul Chapman Publishing.

Biddulph, S. (2008) *Raising Boys*. London: Harper Thomas.

Bilton, H. (2002) *Outdoor Play in the Early Years*. London: David Fulton Publishers.

Bixler, R. D., Floyd, M. E. and Hammutt, W. E. (2002) 'Environmental socialization: qualitative tests of the childhood play hypothesis.' *Environment and Behaviour*, 34 (6): 795–18.

Boniface, M. (2000) 'Towards an understanding of flow and other positive experience phenomena within outdoor and adventurous activities.' *Journal of Adventure Education and Outdoor Learning*, 1 (1): 55–68.

Boyce, E. R. (1938) *Play In The Infants' School: An Account Of An Educational Experiment At The Raleigh Infants' School, Stepney, London, January 1933-April 1936*. London: Methuen.

Bradford Education (1995) *Can I Play Outdoors? Outdoor Play in the Early Years*. Bradford: Bradford Education.

Bridgewater College (2004) *Forest School: A Classroom Without Walls*. 10 Years of *Leading the Way*.

Broughton, H. (1915) *The Open Air School*. London: Pitman.

Brown, A. L. and Kane, M. J. (1988) 'Pre school children can learn to transfer: learning to learn and learning from example.' *Cognitive Psychology* 20 (4): 493–523.

Brown. F. and Webb, S. (2005) 'Children without play.' *Journal of Education*, 35 (March).

Bruce, T. (1991) *Time to Play in Early Childhood Education*. London: Hodder and Stoughton.

Bruce, T. (2004) *Early Childhood Education* (2nd edition). London: Hodder and Stoughton.

Brunner, J. S. (1961) 'The act of discovery.' *Harvard Educational Review*, 31 (1): 21–32.

Brunner, J. S. (1974) *Relevance of Education*. Harmondsworth: Penguin.

Brunner, J. S. (1977) 'Differences between experiential and classroom learning', in M. T. Keeton (Ed.) *Experiential Learning: Rationale, Characteristics and Assessment*. San Francisco: Jossey-Boss.

Carson, R. (1999) *The Sense of Wonder*. London: Harper Collins.

Child Alert (n. d.) '*Safety*.'

Church, G. W. (2000) 'Field trips and developmental education.' *Inquiry* 5 (1): 32–36.

Clarke, J. (2007) *Sustained Shared Thinking*. London: Featherstone.

Claxton, G. (1990) *Teaching to Learn: A Direction for Education*. London: Cassell.

Clemens, S. G. (1999) *Editing: Permission to Start Wrong*. London: Caddell.

Clouder, C. and Rawson, M. (1998) *Waldorf Education*. Edinburgh: Floris Books.

Cobb, E. (1977) *The Ecology of Imagination in Childhood*. New York: Columbia University Press.

Community Playthings with Scott, W. (2011) *Lighting The Fire: Hands-on Investigation, Play and Outdoor Learning in Primary Education*. Robertsbridge:

Community Products (UK) Limited.

Cook, B. and Heseltine, P. J. (1998) *Assessing Risk on Children's Playgrounds* (2nd edition). Birmingham: ROSPA.

Cook, T. and Hess. E. (2005) 'Children's voices.' Paper developed from Sure Start Early Excellence Evaluation. Newcastle: Northumbria University.

Cornell, J. (1984) *Sharing Nature with Children*. Watford: Exley.

Cornell, J. (1987) *Listening to Nature: How to Deepen Your Awareness of Nature*. Watford: Exley.

Cosco, N. (2005) *Environmental Interventions for Healthy Development of Young Children in the Outdoors*. Open Space, People Space Conference, 19—21 September 2007, Edinburgh.

Crebbin, C. (1997) There is no bad weather—just bad clothing: Swedish environmental education in the early years. *Environmental Education, Journal of the National Association for Environmental Education (UK)*, 55 (Summer): 7-8.

Crook, S. and Farmer, B. (1996) *Just Imagine: Creative Play Experiences for Children Under Six*. Melbourne: RMIT Publishing.

Csikszentmihalyi, M. (1997) *Finding Flow: The Psychology of Engagement with Everyday Life*. New York: Basic Books.

Cullen, J. (1993) 'Pre-school children's use and perceptions of outdoor play areas.' *Early Childhood Development and Care*, 89: 45-56.

Danks, F. and Scofield, J. (2005) *Nature's Playground*, London: Francis Lincoln.

Davies, J. (1991) 'Children's adjustment to nursery class: how to equalise opportunities for a successful experience.' *School Organisation*, 11 (3): 255-62.

Davies, J. and Brember, I. (1991) 'The effects of gender and attendance on children's adjustment to nursery classes.' *British Educational Research Journal*, 17 (1): 73-82.

Davies, N. (1939) *Ten Years History of the Chelsea Open Air Nursery School*. London: COAN.

Department for Children, Schools and Families (2008) *Statutory Framework for the Early Years Foundation Stage*: *Setting the Standards for Learning*, *Development and Care for Children from Birth to Five* (revised edition). London: Department for Children, Schools and Families Publications.

Department for Education (DfES) (2007) *Statutory Framework for the Early Years Foundation Stage EYFS-Every Child Matters*. London: Department for Education.

Department for Education (2008) 'Early Years Foundation Stage (EYFS).'

Department for Education (2012) *Development Matters in the Early Years Foundation Stage*: *Non Statutory Guidance Material Supports Practitioners in Implementing the Statutory Requirements of the Early Years Foundation Stage* (revised edition). London: Department for Education.

Derr, V. (2002) 'Children's sense of place in Northern New Mexico.' *Journal of Environmental Psychology*, 22 (1–2): 125–37.

Dewey, J. (1867) 'My pedagogical creed', *The School Journal*, LIV: 3.

Dewey, J. (1938) *Experience and Education*. New York: Macmillan.

Douglas, M. (1992) *Risk and Blame*: *Essays in Cultural Theory*. London: Routledge.

Dunkin, D. and Hanna, P. (2001) *Thinking Together*: *Quality Adult-Child Interactions*. Wellington, New Zealand: NZCER Press.

Dweck, C. S. (2000) *Self-Theories*: *Their Role in Motivation*, *Personality and Development*. Philadelphia: Psychology Press.

Edgington, M. (2002) *The Great Outdoors*. London: BAECE.

Education Scotland (2004) 'Early Years Vision and Values for Outdoor Play'.

Elkind, D. (1987) *Miseducation*: *Preschoolers at Risk*. New York: Knopf.

Elkind, D. (2007) *The Power of Play*. Philadelphia: Lifelong Books, Da Capo Press.

EPPE (2001) 'The Effective Provision of Pre-School Education Project (EPPE), A longitudinal study funded by the DfEE (1997—2003).'

Falk, J. and Dierking, L. (1992) *The Museum Experience*. Washington, DC: Whalesback Books.

Featherstone, S. and Bayley, R. (2005) *Boys and Girls Come Out to Play*. Leicestershire: Featherstone Education Ltd.

Feinburg, S. and Minders, M. (1994) *Eliciting Children's Full Potential*. California: Wadsworth.

Fields, J. I. (1993) 'Primary perspectives: the supporting role of economic and industrial understanding.' *Early Childhood Development and Care*, 94: 5 - 9.

Fjortoft, I. and Sageie, J. (2000) 'The natural environment as a playground for children: landscape description and analysis of a natural landscape.' *Landscape and Urban Planning*, 48 (1/2): 83 - 97.

Fjortoft, I. (2004) 'Landscape as playscape: the effects of natural environments on children's play and motor development.' *Children, Youth and Environments*, 14 (20): 21 - 27.

Ford, P. (1981) *Principles and Practices of Outdoor Environmental Education*. New York: Wiley and Sons.

Froebel, F. (1887) *The Education of Man*. Translated by Hailmann, W. N. New York/London: D. Appleton Century.

Fulbrook, J. (2005) *Outdoor Activities, Negligence and the Law*. Aldershot: Ashgate Publishing.

Furedi, F. (2002) *Culture of Fear: Risk Taking And The Morality Of Low Expectations*. London: Continuum.

Furstenberg, F. F. with Cherlin, A. J. (1988) *The New American Grandparent: A Place in the Family, a Life Apart*. New York: Basic Books.

Gambell, S. and Hasan, B. (2011) 'Rise to the challenge.' *Nursery World*, 29 November, 26 - 27.

Garrick, R. (2004) *Playing Outdoors in the Early Years*. London: Continuum.

Gill, T. (2006) 'Home zones in the UK: history, policy and impact on children and youth.' *Children, Youth and Environments*, 16: 90 - 103.

Gill, T. (2007) *No Fear: Growing Up In A Risk Adverse Society*. London: Calouste Gulbenkian Foundation.

Gill, T. (2009) 'Now for free-range childhood.' *Guardian*, 2 April.

Gill, T. (2010) 'Nothing ventured: balancing risks and benefits in the outdoors.' The English Outdoor Council.

Gleave, J. (2008) 'Risk and Play: A Literature Review.' London: Play England.

Gleave, J. and Cole-Hamilton, I. (2012) 'A World Without Play: A Literature Review.'

Goddard Blythe, S. A. (2000) 'First steps to the most important A, B, C' *Times Educational Supplement*, 7 January.

Goddard Blythe, S. A. (2003) *The Well Balanced Child: Movement and Early Learning*. Stroud: Hawthorn Press.

Goddard Blythe, S. A. (2005) 'Releasing educational potential through movement: A summary of individual studies using the INPP Test Battery and Development Programme for use in Schools.' *Child Care in Practice*, 11 (4): 415–32.

Goddard Blythe, S. A. (2009) *Attention, Balance and Co-ordination: The A, B, C of Learning Success*. Chichester: Wiley-Blackwell.

Goddard Blythe, S. A. (2011) *The Right to Move: Assessing Neuromotor Readiness for Learning. Why physical development in the early years supports educational success*. Based upon a verbal presentation given to the Quality of Childhood Group in the European Parliament in May 2011 by Sally Goddard Blythe hosted by MEP Edward McMillan Scott.

Goddard Blythe, S. A. (2012) 'Assessing neuromotor readiness for learning.'

Goldschmied, E. and Jackson, S. (2004) *People Under Three* (2nd edition). Abingdon: Routledge.

Goswami, U. (2004) 'Neuroscience, education and special education'. *British Journal of Special Education*, 31 (4): 175–83.

Grahn, P., Martensson, F., Llindblad, B., Nilsson, P. and Ekman, A. (1997) UTE pa DAGIS, Stad & Land nr. 93/1991 Sveriges lantbruksuniversitet, Alnarp.

Greenman, J. (1988) *Caring Spaces, Learning Places*. Redmond, WA: Exchange Press Inc.

Groves, L. and McNish, H. (2008) *Baseline Study of Play at Merrylee Primary*

School, Glasgow. Edinburgh: Forestry Commission.

Haddow Report (1933) *Infant and Nursery Schools*. London: HMSO.

Hammernan, D. and Priest, S. (1989) 'Outdoor education begins with the opening of the classroom window.' *Journal of Outdoor and Adventure Education*, 1 (3).

Harden, J. (2000) 'There's no place like home.' *Childhood*, 7 (1): 43–59.

Hassett, J. D. and Weisberg, A. (1972) *Open Education: Alternatives within Our Tradition*. Upper Saddle River, NJ: Prentice Hall.

Hawke, D. (1991) 'Field trips and how to get the most out of them.' *Pathways*, 3 (2): 16–17.

Hawkins, C. (2010) 'Inflated view of risk inhibits children.' *Nursery World*: 11 November.

Health and Safety Executive (1997) Infection risks to new and expectant mothers in the workplace.

Health and Safety Executive (2006) 'HSC tells health and safety pedants to "get a life": statement by Bill Callaghan, Chair of the Health and Safety Commission.'

Health and Safety Executive (2007) RSA Risk Commission Conference (31 October, 2007).

Health and Safety Executive (2011) 'School trips and outdoor learning activities: Tackling the health and safety myths.'

Health and Safety Executive (2014) 'Risk.'

Health and Safety Executive (2014) 'Young people, risk and an exciting education.'

Heerwagen, J. H. and Oriens, G. H. (2002) 'The ecological world of children.' In Kahn, P. and Kellert, S. (Eds) *Children and Nature*. Cambridge, MA: MIT Press.

Hendy, L. and Whitebread, D. (2000) 'Interpretations of independent learning in the early years.' *International Journal of Early Years Education*, 8 (3): 243–52.

Hernandez, K. (2007) 'The pros and cons of risk taking behaviour in children.'

Hopkins, D. (1982) 'Self-concept and adventure: the process of change.' *Adventure Education* 2 (1): 7–13.

Hurtwood, Lady Allen of. (1968) *Planning for Play*. London: Thames and Hudson.

Hutt, S. J., Tyler, S., Hutt, C. and Christopherson, H. (1989) *Play, Exploration and Learning: A Natural History of the Pre-School*. London: Routledge.

Iggulden, C. and Iggulden, H. (2006) *The Dangerous Book for Boys*. London: Harper Collins.

IPSOS MORI Social Research Institute (2011) 'Children's Well-being in UK, Sweden and Spain: The Role of Inequality and Materialism.' 14 September, 2011.

Isaacs, B. (2007) *Bringing the Montessori Approach to your Early Years Practice*. Abingdon: Routledge.

Isaacs, S. (1930) *Intellectual Growth in Young Children*. London: Routledge.

Isaacs, S. (1932) *The Children We Teach: Seven to Eleven Years*. London: University of London Press.

Isaacs, S. (1936 [1931]) *Intellectual Growth in Young Children*. London: Routledge and Kegan Paul.

Isaacs, S. (1948) *Childhood and After: Some Essays and Clinical Studies*. [Reprinted 1999] London: Routledge.

Isaacs, S. (1951 [1933]) *Social Development in Young Children*. London: Routledge

Isaacs, S. (1952). 'The nature and function of phantasy'. In M. Klein, P. Heimann, S. Isaacs, & J. Riviere (Eds), *Developments in Psycho-analysis*, 43: 67-121. London: Hogarth Press.

Isaacs, S. (1954) *The Educational Value of the Nursery School*. London: The Nursery Association of Great Britain and Northern Ireland (Reprinted by BAECE, London).

Kagan, J. (1994) *The Nature of the Child*. London: Basic Books.

Kahn, P. H. and Kellert, S. R. (2002) *Children and Nature: Psychological, Sociocultural and Evolutionary Investigations*. Boston: MIT Press.

Kelmer-Pringle, M. (1973) *The Roots of Violence and Vandalism*. London: The National Children's Bureau.

Keyes, R. (1985) *Chancing It. Why We Take Risks*. Boston: Little, Brown and Co.

KIDS (2008) *In All of Us: The Framework for Quality Inclusion*.

Knight, S. (2011) *Risk and Adventure in Early Years Outdoor Play: Learning From Forest Schools*. London: SAGE.

Kostelnik, M. J., Whiten, A. P. and Stein, L. C. (1986) 'Living with He-man: managing super-hero fantasy play.' *Young Children*, 41 (4): 3-9.

Kritchevsky, S. and Prescott, E., with Walling, L. (1977). *Planning Environments For Young Children: Physical Space* (2nd edition). Washington DC: NAEYC, p. 5.

Kytta, M. (2006) 'Environmental child-friendliness in the light of the Bullerby model.' In C. Spencer and M. Blades (Eds), *Children and their Environments: Learning, Using and Designing Spaces*. Cambridge: Cambridge University Press.

Laevers, F., Daems, M., De Bruyckere, G., Declercq, B., Moons, J., Silkens, K., Snoeck, G. and Van Kessel, M. (2005) *Well-being and Involvement in Care: A Process Orientated Self-evaluation Instrument for Care Settings*. Leuven University, Belgium: Centre for Experiential Education.

Lally, M. (1991) *The Nursery Teacher in Action*. London: Paul Chapman Publishing.

Liebschner, J. (1992) *A Child's Work: Freedom and Guidance in Froebel's Education Theory and Practice*. Cambridge: Butterworth Press.

Lindon, J. (1999) *Too Safe for Their Own Good? Helping Children Learn about Risk and Lifeskills*. London: National Children's Bureau.

London Sustainable Development Commission (2011) 'Sowing the seeds: reconnecting London's children with nature.'

Loughborough University (2012) 'Make time to play: the impact of toys and play on children's physical activity.' In conjunction with the Institute of Youth Sport, Loughborough University and the Toy and Hobby Association.

Louv, R. (1991) *Childhood's Future*. New York: Doubleday.

Louv, R. (2005) *Last Child in the Woods*. New York, Chapel Hill: Algonquin

Books.

Lucas, B. and Claxton, G. (2010) *New Kinds of Smart*. Maidenhead: Open University Press.

McMillan, M. (1930) *The Nursery School*. London: Dent and Sons.

Mental Health Foundation. (1999) *Bright Futures: Promoting Children and Young People's Mental Health*. London: Mental Health Foundation.

Millard, E. (2010) 'Responding to gender difference.' In J. Arthur & T. Cremin (Eds) *Learning to Teach in the Primary School* 2nd edition. London: Routledge

Montessori, M. (1912) *The Montessori Method: Scientific Pedagogy as Applied to Child Education in the Children's Houses*. New York: Frederick A. Stokes Company.

Mooney, A. and Blackburn, T. (2003) *Children's Views on Childcare Quality*. DfES Research Report RR482. London: HMSO.

Moore, R. C. (1986) 'The power of nature: orientations of girls and boys towards biotic and abiotic play settings on a reconstructed schoolyard' *Children's Environments Quarterly*, 3 (3).

Moore, R. C. (1996) 'Compact nature: the role of playing and learning gardens on children's lives.' *Journal of Therapeutic Horticulture*, 8: 72–82.

Moore, R. C, and Wong, H. (1997) *Natural Learning: The Life History Of An Environmental Schoolyard: Creating Environments For Rediscovering Nature's Way Of Teaching*. Berkeley: MIG Communications,

Moll, L. C. (Ed.) (1990 reprinted 1994) *Vygotsky and Education*. Cambridge: Cambridge University Press.

Mortlock, C. (1994) *The Adventure Alternative*. Cumbria: Cicerone Press.

Mortlock, C. (2009) *The Spirit of Adventure*. Kendal: Outdoor Integrity Publishing.

Moss, S. (2012) *Natural Childhood*. National Trust.

Moylett, H. and Stewart, N. (2012) *Understanding the Revised Early Years Foundation Stage*. London: BAECE.

Nairn, A. (2011) *Children's Well-being in UK, Sweden and Spain: The Role of Inequality and Materialism*. Bath: Ipsos MORI Social Research Institute.

National Health Service (2009) 'Health Survey for England-2008: physical activity and fitness-volume 1'.

National Health Service (2010) 'Statistics on obesity, physical activity and diet: England 2012'.

National Institute for Health and Care Excellence (2009) 'Promoting physical activity for children and young people'.

National Playing Fields Association (2000) *Best Play: What Play Provision Should do for Children*. London: NPFA/ Children's Play Council/PLAYLINK.

National Schools Partnership (2012) 'Arla: We helped Arla win awards for their "Closer to Nature" brand change campaign.'

National Trust (2012) '50 things to do before you're 11 3/4.'

Natural England (2009) 'Childhood and nature: a survey on changing relationships with nature across generations.'

New Zealand Ministry of Education. (1996) *Te Whariki Early Education Childhood Curriculum*. Wellington: Learning Media.

Nicol, J. (2007) *Bringing the Steiner Waldorf Approach to Your Early Years Practice*. Abingdon: Routledge.

Nobel. C., Brown, J. and Murphy, J. (2001) *How to Raise Boys' Achievement*. London: David Fulton Publications.

Nutbrown, C. (2001) *Threads of Thinking: Young Children Learning and the Role of Early Education*. London: Sage.

O'Brien, L. (2005a) *Trees and Woodlands: Nature's Health Service*. London: Forest Research.

O'Brien, L. (2005b) *Trees and Their Impact on the Emotional Well-being of Local Residents on Two Inner London Social Housing Estates*. London: Forest Research.

O'Brien, L. and Murray, R. (2007) 'Forest school and its impact on young children: case studies in Britain.' *Urban Forestry and Urban Greening*, 6 (2): 49–65.

Ofsted. (2008) 'Learning outside the classroom.'

Ouvry, M. (2005) *Exercising Muscles and Minds: Outdoor Play and the Early Years Curriculum*. London: National Children's Bureau.

Oxford University Press Compact Dictionary Online (2011).

Parkin, J. (1997) 'Boys and girls come out to play.' *Times Educational Supplement Extra*, 13: June, VI.

Parsons, C. (1995) 'Field trips can enhance family involvement.' *Dimensions of Early Childhood*, 23 (4): 16–18.

Payley, V. G. (1984) *Boys and Girls: Superheros in the Doll Corner*. Chicago: University of Chicago Press.

Payley, V. G. (1988) *Bad Guys Don't Have Birthdays: Fantasy Play at Four*. Chicago: The University of Chicago Press.

Pellegrini, A. D. (2005) *The Role of Recess in Children's Cognitive Performance and School Adjustment: Educational Researcher*. Mahwah, NJ: Lawrence Erlbaum Associates.

Pellegrini, A. D. and Smith, P. K. (1998) 'Physical activity play: the nature and function of a neglected aspect of play.' *Child Development*, 69 (3): 577–98.

Play England (2012) 'Children missing out on great outdoors.'

Playnotes (2008) 'Boys and the outdoors (November): curriculum support risk assessments.' Available to members of Learning Through Landscapes.

Playnotes (2009) 'Up, over and under (July): curriculum support risk assessments.' Available to members of Learning Through Landscapes.

Playnotes (2010) 'Nooks and crannies (September): curriculum support risk assessments.' Available to members of Learning Through Landscapes.

Playnotes (2011) 'Adventurous play (January): curriculum support risk assessments.' Available to members of Learning Through Landscapes.

Plowden Report (1967) *Children and Their Primary Schools: A Report of the Central Advisory Council for Education (England) Volume I Report*. London: HMSO.

Priest, S. (1991) 'The ten commandments of adventure education', Journal of Adventure Education and Outdoor Leadership, 8: 8–10.

Pyle, R. (2002) 'Eden in a vacant lot: special places, species and kids in community life.' In: P. H. Kahn and S. R. Kellert (Eds) *Children and Nature: Psychological, Sociocultural and Evolutionary Investigations*, Cambridge, MA: MIT Press.

Roemmich, J. N., Epstein, L. H., Raja, S. and Lin, Y. (2007) 'The neighbourhood and home environments: disparate relationships with physical activity and sedentary behaviours in youth.' *Annals of Behavioural Medicine*, 33 (1): 29-38.

Royal Society for the Prevention of Accidents (1995) *Poisonous plants: a set of three posters. Take Care! Be Plant Aware*. Bristol: RoSPA.

Royal Society for the Prevention of Accidents (2008) 'RoSPA child accident statistics.'

Royal Society for the Prevention of Accidents (2010) 'Advice on outdoor risks.'

Royal Society for the Prevention of Accidents (2014) 'Are playgrounds safe? Frequently asked questions.'

Royal Society for the Protection of Birds (2013) State of Nature Report.

Sandberg, A. and Pramling-Samuelson, I. (2005) 'An interview study of gender differences in preschool teachers' attitudes towards children's play.' *Early Childhood Education journal*, 32 (5): 297-305

Santer, J. and Griffiths, C., with Goodall, D. (2007) *Free Play in Early Childhood*. London: National Children's Bureau,

Scholfield, J. and Danks, F. (2012) *The Stick Book*. London: Frances Lincoln.

Sigman, A. (2007) *Agricultural Literacy: Giving Concrete Children Food For Thought*.

Siraj-Blatchford, I. (2001) 'Diversity and learning in the early years.' In G. Pugh (Ed.) *Contemporary Issues in the Early Years: Working Collaboratively for Children*. London: Paul Chapman Publishing.

Sobell, D. (1990) 'A place in the world: Adults' memories of childhood's special places.' *Children's Environments Quarterly*, 7 (4).

Sobell, D. (1996). *Beyond Ecophobia: Reclaiming the Heart of Nature Education*. Great Barrington, MA: The Orion Society.

Sobell, D. (2002) *Children's Special Places: Exploring the Role of Forts, Dens and Bush Houses in Middle Childhood*. Detroit: Wayne State University Press.

Solly, K. (2002) Unpublished MA Thesis. University of North London with Pen Green.

Stephenson, A. (2003) 'Physical risk-taking: dangerous or endangered?' Early

Years 23 (1): 35-43.

Stonehouse, A. (Ed.) (1988) *Trusting Toddlers: Programming for 1-3 Year Olds in Child Care Centres*. Canberra: Australian Early Childhood Association.

Sylva, K., Melhuish, E., Sammons, P., Siraj-Blatchford, I. and Taggart, B. (2004) *The Effective Provision of Pre-School Education (EPPE) Technical Paper 1: The Final Report*. London: DfES/Institute of Education, University of London.

Tandy, C. A. (1999) 'Children's diminishing playspace: a study of intergenerational change in children's use of their neighbourhoods.' *Australian Geographical Studies*, 37 (2): 154-64.

Teachers. org (2009) *The Learning Outside the Classroom Manifesto*.

Theobalds, P. (1990) *The Teddy Bears Great Expedition*. London: Blackie.

Thomas, G. and Thompson, J. (2004) *A Child's Place: Why Environment Matters to Children*. London: Green Alliance/Demos.

Tickell, C. (2011) *The Early Years: Foundations for Life, Health and Learning*.

Titman, W. (1994) *Special Places, Special People: The Hidden Curriculum of School Grounds*. London: WWF UK/Learning Through Landscapes.

Tovey, H. (2007) *Playing Outdoors: Spaces and Places, Risk and Challenge*. Maidenhead: Open University Press.

Tulley, G. (2007) 'Geever Tulley on Five Dangerous Things for Kids.'

UK National Statistics (2014) 'Leading causes of death by age group and sex.'

UNESCO (2014) 'United Nations decade of education for sustainable development (2005—2014).'

Valentine, G. (1997) 'Oh yes I can, oh no you can't: Children and parents understanding of kids competence to negotiate public space safely.' *Antipode*, 29 (1): 65-89.

Vygotsky, L. S. (1962) *Thoughts and Language*. London: MIT Press and Wiley and Sons.

Vygotsky, L. S. (1978) *Mind in Society*. Cambridge, MA: Harvard University Press.

Walkerdine, V. (1996) 'Girls and boys in the classroom' in A. Pollard (Ed.),

Readings for Reflective Teaching in Primary Schools. London: Cassell, pp. 298-300.

Watts, A. (2011) *Every Nursery Needs a Garden*. Abingdon: Routledge.

Ward Thompson, C., Aspinall, P. and Montarzino, A. (2008) 'The childhood factor: adult visits green places and the significance of childhood experience.' *Environment and Behaviour*, 40 (1): 111-43.

Warden, C. (1999) *Outdoor Play*. Perthshire: Mindstretchers.

Warden, C. (2010) *Nature Kindergartens*. Perthshire: Mindstretchers.

Weber, L. (1971) *The English Infant School and Informal Education*. Upper Saddle River, NJ: Prentice Hall Inc.

Wells, N. M. and Evans, G. W. (2003) 'Nearly nature: a buffer of life stress among rural children.' *Environment and Behaviour*, 35 (3): 311-30.

Welsh Assembly Government (2008) *Framework For Children's Learning For 3 to 7 Year-Olds in Wales*.

White, J. (2008) *Playing and Learning Outdoors*. Abingdon: Routledge.

White, I. (2014) 'Vision and values.'

Wilkinson, R. (1980) *Questions and Answers on Rudolf Steiner Education*. East Grinstead: Henry Goulden.

Wilson, R. A. (1997) 'The wonders of nature: honoring children's way of knowing.' *Early Childhood News*, 6 (9).

Wilson, R. (2007) *Nature and Young Children: Encouraging Creative Play and Learning in Natural Environments*. Abingdon: Routledge.

Wilson Smith, A. (2008) *Nature's Playthings*. Ludlow: Merlin Unwin Books.

Wood, D. (1988) *How Children Think and Learn: The Social Contexts of Cognitive Development* (2nd edition). Oxford: Blackwell.

Yerkes, J. (1982) cited in Bullard, J. (2010) *Outdoor Environments for Children*. Boston, MA: Pearson Allyn & Bacon/ Prentice Hall.